基础教育法律法规学习读本

基础教育综合法律法规

叶浦芳　主编

加大全民普法力度，建设社会主义法治文化，树立宪法法律至上、法律面前人人平等的法治理念。

——中国共产党第十九次全国代表大会《决胜全面建成小康社会 夺取新时代中国特色社会主义伟大胜利》

汕头大学出版社

图书在版编目（CIP）数据

基础教育综合法律法规 / 叶浦芳主编 . -- 汕头：
汕头大学出版社，2023.4（重印）
（基础教育法律法规学习读本）
ISBN 978-7-5658-3324-3

Ⅰ. ①基… Ⅱ. ①叶… Ⅲ. ①基础教育-教育法-中
国-学习参考资料 Ⅳ. ①D922.164

中国版本图书馆 CIP 数据核字（2018）第 000653 号

基础教育综合法律法规　　JICHU JIAOYU ZONGHE FALÜ FAGUI

主　　编：叶浦芳
责任编辑：汪艳蕾
责任技编：黄东生
封面设计：大华文苑
出版发行：汕头大学出版社
　　　　　广东省汕头市大学路 243 号汕头大学校园内　　邮政编码：515063
电　　话：0754-82904613
印　　刷：三河市元兴印务有限公司
开　　本：690mm×960mm 1/16
印　　张：18
字　　数：226 千字
版　　次：2018 年 1 月第 1 版
印　　次：2023 年 4 月第 2 次印刷
定　　价：59.60 元（全 2 册）
ISBN 978-7-5658-3324-3

前　言

习近平总书记指出："推进全民守法，必须着力增强全民法治观念。要坚持把全民普法和守法作为依法治国的长期基础性工作，采取有力措施加强法制宣传教育。要坚持法治教育从娃娃抓起，把法治教育纳入国民教育体系和精神文明创建内容，由易到难、循序渐进不断增强青少年的规则意识。要健全公民和组织守法信用记录，完善守法诚信褒奖机制和违法失信行为惩戒机制，形成守法光荣、违法可耻的社会氛围，使遵法守法成为全体人民共同追求和自觉行动。"

中共中央、国务院曾经转发了中央宣传部、司法部关于在公民中开展法治宣传教育的规划，并发出通知，要求各地区各部门结合实际认真贯彻执行。通知指出，全民普法和守法是依法治国的长期基础性工作。深入开展法治宣传教育，是全面建成小康社会和新农村的重要保障。

普法规划指出：各地区各部门要根据实际需要，从不同群体的特点出发，因地制宜开展有特色的法治宣传教育坚持集中法治宣传教育与经常性法治宣传教育相结合，深化法律进机关、进乡村、进社区、进学校、进企业、进单位的"法律六进"主题活动，完善工作标准，建立长效机制。

特别是农业、农村和农民问题，始终是关系党和人民事业发展的全局性和根本性问题。党中央、国务院发布的《关于推进社会主义新农村建设的若干意见》中明确提出要"加强农村法制建设，深入开展农村普法教育，增强农民的法制观念，提高农民依法行使权利和履行义务的自觉性。"多年普法实践证明，普及法律知识，提高法制观念，增强全社会依法办事意识具有重要作用。特别是在广大农村进行普法教育，是提高全民法律素质的需要。

多年来，我国在农村实行的改革开放取得了极大成功，农村发生了翻天覆地的变化，广大农民生活水平大大得到了提高。但是，由于历史和社会等原因，现阶段我国一些地区农民文化素质还不高，不学法、不懂法、不守法现象虽然较原来有所改变，但仍有相当一部分群众的法制观念仍很淡化，不懂、不愿借助法律来保护自身权益，这就极易受到不法的侵害，或极易进行违法犯罪活动，严重阻碍了全面建成小康社会和新农村步伐。

为此，根据党和政府的指示精神以及普法规划，特别是根据广大农村农民的现状，在有关部门和专家的指导下，特别编辑了这套《全国普法学习读本》。主要包括了广大人民群众应知应懂、实际实用的法律法规。为了辅导学习，附录还收入了相应法律法规的条例准则、实施细则、解读解答、案例分析等；同时为了突出法律法规的实际实用特点，兼顾地方性和特殊性，附录还收入了部分某些地方性法律法规以及非法律法规的政策文件、管理制度、应用表格等内容，拓展了本书的知识范围，使法律法规更"接地气"，便于读者学习掌握和实际应用。

在众多法律法规中，我们通过甄别，淘汰了废止的，精选了最新的、权威的和全面的。但有部分法律法规有些条款不适应当下情况了，却没有颁布新的，我们又不能擅自改动，只得保留原有条款，但附录却有相应的补充修改意见或通知等。众多法律法规根据不同内容和受众特点，经过归类组合，优化配套。整套普法读本非常全面系统，具有很强的学习性、实用性和指导性，非常适合用于广大农村和城乡普法学习教育与实践指导。总之，是全国全民普法的良好读本。

目　　录

中华人民共和国义务教育法

农村义务教育薄弱学校改造
补助资金管理办法

农村义务教育学生营养改善计划实施细则

目　录

中华人民共和国义务教育法

中华人民共和国主席令

第二十五号

《全国人民代表大会常务委员会关于修改〈中华人民共和国义务教育法〉等五部法律的决定》已由中华人民共和国第十二届全国人民代表大会常务委员会第十四次会议于 2015 年 4 月 24 日通过，现予公布，自公布之日起施行。

中华人民共和国主席　习近平

2015 年 4 月 24 日

（1986 年 4 月 12 日第六届全国人民代表大会第四次会议通过；根据 2006 年 6 月 29 日第十届全国人民代表大会常务委员会第二十二次会议修订；根据 2015 年 4 月 24 日第十二届全国人民代表大会常务委员会第十四次会议全国人民代表大会常务委员会《关于修改〈中华人民共和国义务教育法〉等五部法律的决定》修正）

第一章 总 则

第一条 为了保障适龄儿童、少年接受义务教育的权利，保证义务教育的实施，提高全民族素质，根据宪法和教育法，制定本法。

第二条 国家实行九年义务教育制度。

义务教育是国家统一实施的所有适龄儿童、少年必须接受的教育，是国家必须予以保障的公益性事业。

实施义务教育，不收学费、杂费。

国家建立义务教育经费保障机制，保证义务教育制度实施。

第三条 义务教育必须贯彻国家的教育方针，实施素质教育，提高教育质量，使适龄儿童、少年在品德、智力、体质等方面全面发展，为培养有理想、有道德、有文化、有纪律的社会主义建设者和接班人奠定基础。

第四条 凡具有中华人民共和国国籍的适龄儿童、少年，不分性别、民族、种族、家庭财产状况、宗教信仰等，依法享有平等接受义务教育的权利，并履行接受义务教育的义务。

第五条 各级人民政府及其有关部门应当履行本法规定的各项职责，保障适龄儿童、少年接受义务教育的权利。

适龄儿童、少年的父母或者其他法定监护人应当依法保证其按时入学接受并完成义务教育。

依法实施义务教育的学校应当按照规定标准完成教育教学任务，保证教育教学质量。

社会组织和个人应当为适龄儿童、少年接受义务教育创造良好的环境。

第六条 国务院和县级以上地方人民政府应当合理配置教育资源，促进义务教育均衡发展，改善薄弱学校的办学条件，并采取措施，保障农村地区、民族地区实施义务教育，保障家庭经济困难的和残疾的适龄儿童、少年接受义务教育。

国家组织和鼓励经济发达地区支援经济欠发达地区实施义务教育。

第七条 义务教育实行国务院领导，省、自治区、直辖市人民政府统筹规划实施，县级人民政府为主管理的体制。

县级以上人民政府教育行政部门具体负责义务教育实施工作；县级以上人民政府其他有关部门在各自的职责范围内负责义务教育实施工作。

第八条 人民政府教育督导机构对义务教育工作执行法律法规情况、教育教学质量以及义务教育均衡发展状况等进行督导，督导报告向社会公布。

第九条 任何社会组织或者个人有权对违反本法的行为向有关国家机关提出检举或者控告。

发生违反本法的重大事件，妨碍义务教育实施，造成重大社会影响的，负有领导责任的人民政府或者人民政府教育行政部门负责人应当引咎辞职。

第十条 对在义务教育实施工作中做出突出贡献的社会组织和个人，各级人民政府及其有关部门按照有关规定给予表彰、奖励。

第二章　学　生

第十一条 凡年满六周岁的儿童，其父母或者其他法定监护人应当送其入学接受并完成义务教育；条件不具备的地区的儿童，可以推迟到七周岁。

适龄儿童、少年因身体状况需要延缓入学或者休学的，其父母或者其他法定监护人应当提出申请，由当地乡镇人民政府或者县级人民政府教育行政部门批准。

第十二条 适龄儿童、少年免试入学。地方各级人民政府应当保障适龄儿童、少年在户籍所在地学校就近入学。

父母或者其他法定监护人在非户籍所在地工作或者居住的适龄儿童、少年，在其父母或者其他法定监护人工作或者居住地接受义务教育的，当地人民政府应当为其提供平等接受义务教育的条件。具体办法由省、自治区、直辖市规定。

县级人民政府教育行政部门对本行政区域内的军人子女接受义务教育予以保障。

第十三条 县级人民政府教育行政部门和乡镇人民政府组织和督促适龄儿童、少年入学，帮助解决适龄儿童、少年接受义务教育的困难，采取措施防止适龄儿童、少年辍学。

居民委员会和村民委员会协助政府做好工作，督促适龄儿童、少年入学。

第十四条 禁止用人单位招用应当接受义务教育的适龄儿童、少年。

根据国家有关规定经批准招收适龄儿童、少年进行文艺、体育等专业训练的社会组织，应当保证所招收的适龄儿童、少年接受义务教育；自行实施义务教育的，应当经县级人民政府教育行政部门批准。

第三章 学 校

第十五条 县级以上地方人民政府根据本行政区域内居住的适龄儿童、少年的数量和分布状况等因素，按照国家有关规定，制定、调整学校设置规划。新建居民区需要设置学校的，应当与居民区的建设同步进行。

第十六条 学校建设，应当符合国家规定的办学标准，适应教育教学需要；应当符合国家规定的选址要求和建设标准，确保学生和教职工安全。

第十七条　县级人民政府根据需要设置寄宿制学校，保障居住分散的适龄儿童、少年入学接受义务教育。

第十八条　国务院教育行政部门和省、自治区、直辖市人民政府根据需要，在经济发达地区设置接收少数民族适龄儿童、少年的学校（班）。

第十九条　县级以上地方人民政府根据需要设置相应的实施特殊教育的学校（班），对视力残疾、听力语言残疾和智力残疾的适龄儿童、少年实施义务教育。特殊教育学校（班）应当具备适应残疾儿童、少年学习、康复、生活特点的场所和设施。

普通学校应当接收具有接受普通教育能力的残疾适龄儿童、少年随班就读，并为其学习、康复提供帮助。

第二十条　县级以上地方人民政府根据需要，为具有预防未成年人犯罪法规定的严重不良行为的适龄少年设置专门的学校实施义务教育。

第二十一条　对未完成义务教育的未成年犯和被采取强制性教育措施的未成年人应当进行义务教育，所需经费由人民政府予以保障。

第二十二条　县级以上人民政府及其教育行政部门应当促进学校均衡发展，缩小学校之间办学条件的差距，不得将学校分为重点学校和非重点学校。学校不得分设重点班和非重点班。

县级以上人民政府及其教育行政部门不得以任何名义改变或者变相改变公办学校的性质。

第二十三条　各级人民政府及其有关部门依法维护学校周边秩序，保护学生、教师、学校的合法权益，为学校提供安全保障。

第二十四条　学校应当建立、健全安全制度和应急机制，对学生进行安全教育，加强管理，及时消除隐患，预防发生事故。

县级以上地方人民政府定期对学校校舍安全进行检查；对需要

维修、改造的，及时予以维修、改造。

学校不得聘用曾经因故意犯罪被依法剥夺政治权利或者其他不适合从事义务教育工作的人担任工作人员。

第二十五条 学校不得违反国家规定收取费用，不得以向学生推销或者变相推销商品、服务等方式谋取利益。

第二十六条 学校实行校长负责制。校长应当符合国家规定的任职条件。校长由县级人民政府教育行政部门依法聘任。

第二十七条 对违反学校管理制度的学生，学校应当予以批评教育，不得开除。

第四章 教 师

第二十八条 教师享有法律规定的权利，履行法律规定的义务，应当为人师表，忠诚于人民的教育事业。

全社会应当尊重教师。

第二十九条 教师在教育教学中应当平等对待学生，关注学生的个体差异，因材施教，促进学生的充分发展。

教师应当尊重学生的人格，不得歧视学生，不得对学生实施体罚、变相体罚或者其他侮辱人格尊严的行为，不得侵犯学生合法权益。

第三十条 教师应当取得国家规定的教师资格。

国家建立统一的义务教育教师职务制度。教师职务分为初级职务、中级职务和高级职务。

第三十一条 各级人民政府保障教师工资福利和社会保险待遇，改善教师工作和生活条件；完善农村教师工资经费保障机制。

教师的平均工资水平应当不低于当地公务员的平均工资水平。

特殊教育教师享有特殊岗位补助津贴。在民族地区和边远贫困地区工作的教师享有艰苦贫困地区补助津贴。

第三十二条 县级以上人民政府应当加强教师培养工作，采取措施发展教师教育。

县级人民政府教育行政部门应当均衡配置本行政区域内学校师资力量，组织校长、教师的培训和流动，加强对薄弱学校的建设。

第三十三条 国务院和地方各级人民政府鼓励和支持城市学校教师和高等学校毕业生到农村地区、民族地区从事义务教育工作。

国家鼓励高等学校毕业生以志愿者的方式到农村地区、民族地区缺乏教师的学校任教。县级人民政府教育行政部门依法认定其教师资格，其任教时间计入工龄。

第五章　教育教学

第三十四条 教育教学工作应当符合教育规律和学生身心发展特点，面向全体学生，教书育人，将德育、智育、体育、美育等有机统一在教育教学活动中，注重培养学生独立思考能力、创新能力和实践能力，促进学生全面发展。

第三十五条 国务院教育行政部门根据适龄儿童、少年身心发展的状况和实际情况，确定教学制度、教育教学内容和课程设置，改革考试制度，并改进高级中等学校招生办法，推进实施素质教育。

学校和教师按照确定的教育教学内容和课程设置开展教育教学活动，保证达到国家规定的基本质量要求。

国家鼓励学校和教师采用启发式教育等教育教学方法，提高教育教学质量。

第三十六条 学校应当把德育放在首位，寓德育于教育教学之中，开展与学生年龄相适应的社会实践活动，形成学校、家庭、社会相互配合的思想道德教育体系，促进学生养成良好的思想品德和行为习惯。

第三十七条　学校应当保证学生的课外活动时间，组织开展文化娱乐等课外活动。社会公共文化体育设施应当为学校开展课外活动提供便利。

第三十八条　教科书根据国家教育方针和课程标准编写，内容力求精简，精选必备的基础知识、基本技能，经济实用，保证质量。

国家机关工作人员和教科书审查人员，不得参与或者变相参与教科书的编写工作。

第三十九条　国家实行教科书审定制度。教科书的审定办法由国务院教育行政部门规定。

未经审定的教科书，不得出版、选用。

第四十条　教科书价格由省、自治区、直辖市人民政府价格行政部门会同同级出版行政部门按照微利原则确定。

第四十一条　国家鼓励教科书循环使用。

第六章　经费保障

第四十二条　国家将义务教育全面纳入财政保障范围，义务教育经费由国务院和地方各级人民政府依照本法规定予以保障。

国务院和地方各级人民政府将义务教育经费纳入财政预算，按照教职工编制标准、工资标准和学校建设标准、学生人均公用经费标准等，及时足额拨付义务教育经费，确保学校的正常运转和校舍安全，确保教职工工资按照规定发放。

国务院和地方各级人民政府用于实施义务教育财政拨款的增长比例应当高于财政经常性收入的增长比例，保证按照在校学生人数平均的义务教育费用逐步增长，保证教职工工资和学生人均公用经费逐步增长。

第四十三条　学校的学生人均公用经费基本标准由国务院财政

部门会同教育行政部门制定，并根据经济和社会发展状况适时调整。制定、调整学生人均公用经费基本标准，应当满足教育教学基本需要。

省、自治区、直辖市人民政府可以根据本行政区域的实际情况，制定不低于国家标准的学校学生人均公用经费标准。

特殊教育学校（班）学生人均公用经费标准应当高于普通学校学生人均公用经费标准。

第四十四条 义务教育经费投入实行国务院和地方各级人民政府根据职责共同负担，省、自治区、直辖市人民政府负责统筹落实的体制。农村义务教育所需经费，由各级人民政府根据国务院的规定分项目、按比例分担。

各级人民政府对家庭经济困难的适龄儿童、少年免费提供教科书并补助寄宿生生活费。

义务教育经费保障的具体办法由国务院规定。

第四十五条 地方各级人民政府在财政预算中将义务教育经费单列。

县级人民政府编制预算，除向农村地区学校和薄弱学校倾斜外，应当均衡安排义务教育经费。

第四十六条 国务院和省、自治区、直辖市人民政府规范财政转移支付制度，加大一般性转移支付规模和规范义务教育专项转移支付，支持和引导地方各级人民政府增加对义务教育的投入。地方各级人民政府确保将上级人民政府的义务教育转移支付资金按照规定用于义务教育。

第四十七条 国务院和县级以上地方人民政府根据实际需要，设立专项资金，扶持农村地区、民族地区实施义务教育。

第四十八条 国家鼓励社会组织和个人向义务教育捐赠，鼓励按照国家有关基金会管理的规定设立义务教育基金。

第四十九条 义务教育经费严格按照预算规定用于义务教育；

任何组织和个人不得侵占、挪用义务教育经费，不得向学校非法收取或者摊派费用。

第五十条 县级以上人民政府建立健全义务教育经费的审计监督和统计公告制度。

第七章 法律责任

第五十一条 国务院有关部门和地方各级人民政府违反本法第六章的规定，未履行对义务教育经费保障职责的，由国务院或者上级地方人民政府责令限期改正；情节严重的，对直接负责的主管人员和其他直接责任人员依法给予行政处分。

第五十二条 县级以上地方人民政府有下列情形之一的，由上级人民政府责令限期改正；情节严重的，对直接负责的主管人员和其他直接责任人员依法给予行政处分：

（一）未按照国家有关规定制定、调整学校的设置规划的；

（二）学校建设不符合国家规定的办学标准、选址要求和建设标准的；

（三）未定期对学校校舍安全进行检查，并及时维修、改造的；

（四）未依照本法规定均衡安排义务教育经费的。

第五十三条 县级以上人民政府或者其教育行政部门有下列情形之一的，由上级人民政府或者其教育行政部门责令限期改正、通报批评；情节严重的，对直接负责的主管人员和其他直接责任人员依法给予行政处分：

（一）将学校分为重点学校和非重点学校的；

（二）改变或者变相改变公办学校性质的。

县级人民政府教育行政部门或者乡镇人民政府未采取措施组织适龄儿童、少年入学或者防止辍学的，依照前款规定追究法律责任。

第五十四条 有下列情形之一的，由上级人民政府或者上级人民政府教育行政部门、财政部门、价格行政部门和审计机关根据职责分工责令限期改正；情节严重的，对直接负责的主管人员和其他直接责任人员依法给予处分：

（一）侵占、挪用义务教育经费的；

（二）向学校非法收取或者摊派费用的。

第五十五条 学校或者教师在义务教育工作中违反教育法、教师法规定的，依照教育法、教师法的有关规定处罚。

第五十六条 学校违反国家规定收取费用的，由县级人民政府教育行政部门责令退还所收费用；对直接负责的主管人员和其他直接责任人员依法给予处分。

学校以向学生推销或者变相推销商品、服务等方式谋取利益的，由县级人民政府教育行政部门给予通报批评；有违法所得的，没收违法所得；对直接负责的主管人员和其他直接责任人员依法给予处分。

国家机关工作人员和教科书审查人员参与或者变相参与教科书编写的，由县级以上人民政府或者其教育行政部门根据职责权限责令限期改正，依法给予行政处分；有违法所得的，没收违法所得。

第五十七条 学校有下列情形之一的，由县级人民政府教育行政部门责令限期改正；情节严重的，对直接负责的主管人员和其他直接责任人员依法给予处分：

（一）拒绝接收具有接受普通教育能力的残疾适龄儿童、少年随班就读的；

（二）分设重点班和非重点班的；

（三）违反本法规定开除学生的；

（四）选用未经审定的教科书的。

第五十八条 适龄儿童、少年的父母或者其他法定监护人无正当理由未依照本法规定送适龄儿童、少年入学接受义务教育的，由当地乡镇人民政府或者县级人民政府教育行政部门给予批评教育，责令限期改正。

第五十九条 有下列情形之一的，依照有关法律、行政法规的规定予以处罚：

（一）胁迫或者诱骗应当接受义务教育的适龄儿童、少年失学、辍学的；

（二）非法招用应当接受义务教育的适龄儿童、少年的；

（三）出版未经依法审定的教科书的。

第六十条 违反本法规定，构成犯罪的，依法追究刑事责任。

第八章 附 则

第六十一条 对接受义务教育的适龄儿童、少年不收杂费的实施步骤，由国务院规定。

第六十二条 社会组织或者个人依法举办的民办学校实施义务教育的，依照民办教育促进法有关规定执行；民办教育促进法未作规定的，适用本法。

第六十三条 本法自 2006 年 9 月 1 日起施行。

附　录

义务教育学校管理标准（试行）

教育部关于印发《义务教育学校管理标准（试行）》的通知

教基一〔2014〕10号

各省、自治区、直辖市教育厅（教委），新疆生产建设兵团教育局：

为适应教育改革发展的新形势和新任务，全面贯彻教育方针，完善义务教育治理体系，深入实施素质教育，促进教育公平，推动学校依法办学、科学管理，根据《教育法》《义务教育法》《教师法》《国家中长期教育改革和发展规划纲要（2010—2020年）》，我部研究制定了《义务教育学校管理标准（试行）》，就义务教育学校管理工作提出了92条要求，现予印发，请结合本地实际遵照执行。

教育部

2014年8月2日

为适应教育改革发展的新形势和新任务，全面贯彻教育方针，完善义务教育治理体系，深入实施素质教育，促进教育公平，推动义务教育阶段学校（以下简称学校）依法办学、科学管理，根据《教育法》《义务教育法》《教师法》《国家中长期教育改革和发展规划纲要（2010—2020年）》，制定本标准。

学校管理水平直接关系到学校的办学质量。学校管理标准既应考虑办学条件的改善，更要强调学校内涵的提升。本标准针对学校的教育教学和管理工作提出具体要求，也是对学校和校长进行考评的重要依据。

本标准的发布与实施，将推动学校不断提高管理水平，实现学校治理的法治化和规范化。

一、基本理念

（一）育人为本　全面发展

坚持育人为本、全面发展的办学宗旨，培育和践行社会主义核心价值观，把立德树人作为教育的根本任务，坚持教育与生产劳动和社会实践活动相结合，全面加强和改进德育、智育、体育、美育，将促进学生健康快乐成长作为学校一切工作的出发点和落脚点，使学生成为德智体美全面发展的社会主义建设者和接班人。

（二）促进公平　提高质量

树立公平的教育观和正确的质量观，提高办学水平，教好每一个学生，切实保障学生平等的受教育权利。加强教师队伍建设，提高教师整体素质；建设适合学生发展的课程，实施以学生发展为本的教学；建立科学合理的评价体系，提高教育教学质量。

（三）安全和谐　充满活力

建设安全卫生的学校基础设施，完善切实可行的安全、健康管理制度，开展以生活技能和自护、自救技能为基础的安全和健康教育。加强校园文化建设，创建平安校园、和谐校园，为师生创造安定有序、和谐融洽、充满活力的工作、学习和生活环境。

（四）依法办学　科学治理

建设依法办学、自主管理、民主监督、社会参与的现代学校制度。提升校长依法科学治理能力，拓宽师生、家长和社会民众参与学校治理的渠道，建立健全学校民主管理制度，构建和谐的家庭、学校、社区合作关系，推动学校可持续发展。

二、基本内容

管理职责	管理任务	管理要求
一、平等对待每位学生	维护学生平等入学权利	1. 根据国家法律法规和教育行政部门的相关规定，落实招生入学方案，公开范围、程序、时间、结果，保障适龄儿童少年平等接受义务教育的权利。 2. 坚持免试就近入学原则，不举办任何形式的入学或升学考试，不以各类竞赛、考级、奖励证书作为学生入学或升学的依据。 3. 实行均衡编班，不分重点班与非重点班。编班过程邀请相关人员参加，接受各方监督。 4. 实行收费公示制度，严格执行国家关于义务教育免费的规定。
	建立"控辍保学"工作机制	5. 执行国家学籍管理相关规定，使用全国中小学生学籍信息管理系统做好学籍管理。 6. 执行学生考勤制度，每天统计学生到校、上课信息，实行缺勤跟踪。 7. 及时将学生辍学情况书面上报主管部门，在义务教育年限内为其保留学籍，在学籍系统中进行标注。 8. 主动联系辍学学生家长，针对辍学原因，积极帮助学生返校。
	满足需要关注学生的需求	9. 制定保障教育公平的制度，通过宣传栏和校园网等多种形式进行宣传，不让一名学生因学习、家庭、身体、性别等因素而受到歧视。 10. 坚持合理便利原则满足适龄残疾儿童随班就读需要，并为其学习、生活提供帮助。 11. 创造条件为有特殊学习需要的学生建立资源教室，配备专兼职教师。 12. 为需要帮助的儿童提供情感关怀，优先满足留守儿童寄宿需求，寄宿制学校可通过购买服务等形式配备服务人员。

管理职责	管理任务	管理要求
二、促进学生全面发展	提升学生道德品质	13. 加强爱国主义教育、理想信念教育、优秀传统文化教育、公民意识教育、生态文明教育等，让学生熟记并践行社会主义核心价值观。 14. 贯彻落实《中小学生守则》，让学生内化于心，外化于行。 15. 发挥各学科独特育人功能，统筹课程资源，落实全员责任，体现综合育人。 16. 创新德育形式，开展适合的社会实践和公益活动，增强学生社会责任感。 17. 在学校管理各个环节分层开展养成教育，培养学生良好行为习惯和健康生活方式。 18. 落实《中小学心理健康教育指导纲要》，将心理健康教育贯穿于教育教学全过程。配备专兼职心理健康教育教师，根据学生身心发展特点，科学开展心理辅导。
	帮助学生学会学习	19. 营造良好的学习环境与氛围，激发和保护学生的学习兴趣，培养学生的学习自信心。 20. 遵循学生认知规律，帮助学生掌握科学的学习方法，养成良好学习习惯。 21. 引导学生独立思考和主动探究，培养学生良好思维品质。 22. 采用灵活多样的教学方法，因材施教，培养学生终身学习的能力。

续表

管理职责	管理任务	管理要求
二、促进学生全面发展	增强学生身体素质	23. 确保学生每天锻炼 1 小时, 开足并上好体育课, 使每个学生掌握两项体育运动技能, 养成体育锻炼习惯。 24. 制订并实施阳光体育运动方案, 积极开展体育活动。每年举办全员参与的运动会。 25. 落实《国家学生体质健康标准》, 定期开展学生体检或体质健康监测, 重点监测学生的视力和营养状况, 及时向家长反馈。建立学生健康档案, 将学生参加体育活动及体质体能健康状况等纳入学生综合素质评价。 26. 配齐体育教师, 加强科学锻炼指导和体育安全管理。有效利用体育场地和设施器材, 满足学生体育锻炼需要。 27. 科学合理安排学校作息时间, 家校配合指导好学生课外活动, 保证每天小学生 10 小时、初中生 9 小时睡眠。 28. 保障室内采光、照明、通风、课桌椅、黑板等设施达到规定标准, 端正学生坐姿, 做好眼保健操, 降低学生近视率。
	提高学生艺术素养	29. 按照国家要求开设音乐、美术、书法课。利用当地教育资源, 开发具有民族、地域特色的艺术教育课程, 培养学生艺术爱好。 30. 按照国家课程方案规定的课时数和学校班级数配备艺术教师, 设置艺术教室和艺术活动室, 并按照国家标准配备艺术课程教学和艺术活动器材, 满足艺术教育基本需求。 31. 面向全体学生组织开展艺术活动, 因地制宜建立学生艺术社团或兴趣小组。 32. 充分利用社会艺术教育资源, 利用当地文化艺术场地资源开展艺术教学和实践活动, 有条件的学校可与社会艺术团体及社区建立合作关系。

续表

管理职责	管理任务	管理要求
二、促进学生全面发展	培养学生生活本领	33. 增加学生劳动和社会实践的机会，适当布置学生家务劳动，培养劳动观念，掌握初步劳动技能。 34. 为学生在校园内参加劳动创造机会，采用"校园加农户"等方式积极组织学生参与卫生保洁、绿植养护、种植养殖等与学生年龄相适应的劳动。 35. 充分利用各类综合实践基地，组织学生到基地开展学工、学农等综合实践教育活动。寒暑假布置与劳动或社会实践相关的作业。 36. 指导学生利用学校资源、社区资源完成个性化作业和实践性作业。
三、引领教师专业发展	加强教师管理和职业道德建设	37. 要求教师熟知和践行社会主义核心价值观。经常开展师德教育和法制教育，增强教师立德树人的荣誉感和责任感。 38. 引导教师加强学习，阅读经典，提高修养。要求教师衣着整洁得体，语言规范健康，举止文明礼貌。 39. 要求教师尊重学生人格，不讽刺、挖苦、歧视学生，不体罚或变相体罚学生，不收受学生或家长礼品，不从事有偿补课。 40. 健全教师管理制度，保障教师合法权益，完善教师考核评价机制，激发教师的积极性和创造性。 41. 关心教师生活状况和身心健康，经常组织形式多样的活动，定期安排教师体检。
	提高教师教育教学能力	42. 组织教师认真学习课程标准，熟练掌握学科教学的基本要求。 43. 定期开展集体备课、听课、说课、评课等校本研修，研究教材、研究学生、研究教法，提高教师专业水平和教学能力。 44. 落实《中小学班主任工作规定》，制定班主任队伍培训计划，定期组织班主任学习、交流和培训，提高班主任组织管理和教育能力。落实班主任工作量计算、津贴、奖励、表彰等待遇和保障。 45. 加强教师教学基本功考核，提升教师普通话水平，规范汉字书写，增强学科教学能力和信息技术应用能力，促进信息技术与教育教学的深度融合。

续表

管理职责	管理任务	管理要求
三、引领教师专业发展	建立教师专业发展支持体系	46. 完善教师培训制度，制订教师培训规划，指导教师制定专业发展计划，建立教师专业发展档案。 47. 按规定将培训经费列入学校预算，支持教师参加必要的培训，落实每位教师五年不少于 360 学时的培训要求。 48. 引进优质培训资源，定期开展专题培训，促进教研与培训有机结合，发挥校本研修基础作用。 49. 鼓励教师利用网络学习平台开展教研活动，建设教师学习共同体。
四、提升教育教学质量	建设适合学生发展的课程	50. 落实国家义务教育课程方案和课程标准，严格遵守国家关于教材、教辅管理的相关规定，确保国家课程全面实施。不拔高教学要求，不加快教学进度。 51. 落实综合实践活动课程要求，组织学生开展研究性学习、社区服务与社会实践以及劳动技术教育，培养学生的创新精神和实践能力，提高学生综合解决实际问题能力。每学期组织一次综合实践交流活动。 52. 根据学生发展需要和学校、社区的资源条件，组织开发校本课程。 53. 引导教师创新课程实施方式，加强实践教学环节，提高课堂效率。
	实施以学生发展为本的教学	54. 定期开展教学质量分析，研究学生的学习兴趣、动机和个别化学习需要，采取有针对性的措施，提高教学有效性。 55. 建立基于过程的学校教学质量保障机制，统筹课程、教材、教学、评价等环节，主动收集学生反馈意见，及时改进教学。 56. 采取启发式、讨论式、合作式等多种教学方式，提高学生参与课堂学习的主动性和积极性。 57. 合理控制作业量，布置分层作业，创新作业方式。

管理职责	管理任务	管理要求
四、提升教育教学质量	建立促进学生发展的评价体系	58. 实施综合素质评价，重点考察学生的品德发展、学业水平、身心健康、兴趣特长、实践能力等方面的发展情况。对照中小学教育质量综合评价改革指标体系，开展检查，改进教育教学。 59. 建立学生综合素质档案，做好学生成长记录，真实反映学生发展状况。 60. 减少考试次数，实行等级加评语的评价方式。考试内容不超出课程标准，考试成绩不进行公开排名，不以分数作为评价学生的唯一标准。
	提供便利实用的教学资源	61. 按照规定配置教学资源和设施设备，指定专人负责，建立资产台账，定期维护保养。 62. 建立图书馆（室）、实验室、功能教室等的使用管理制度，面向学生充分开放，提高使用效益。
五、营造和谐安全环境	建立切实可行的安全与健康管理制度	63. 积极借助政府部门、社会力量、专业组织，构建学校安全风险管理体系。组织教职工学习有关安全工作的法律法规，落实《中小学校岗位安全工作指南》。 64. 建立健全学校安全卫生管理制度和工作机制，采取切实措施，确保学校师生人身安全、食品饮水安全、设施安全和活动安全。有校车的学校严格执行国家校车安全管理制度。 65. 制订突发事件应急预案，预防和应对溺水、交通事故、不法分子入侵、校园暴力、自然灾害和公共卫生事件。
	建设安全卫生的学校基础设施	66. 配备保障学生安全与健康的基本设施和设备，落实人防、物防和技防等相关要求。 67. 将校舍安全信息等录入国家教育信息管理系统并及时更新，定期对校舍、食堂、厕所、体育场地和器材、消防设施、饮用水设施等进行检查，及时消除安全卫生隐患。校舍安全隐患要向主管部门及时书面报告。 68. 设立卫生室或保健室，按要求配备专兼职医务人员，落实日常卫生保健制度。 69. 设置安全警示标识和安全、卫生教育宣传橱窗，定期更换宣传内容。

管理职责	管理任务	管理要求
五、营造和谐安全环境	开展以生活技能为基础的安全健康教育	70. 有计划地开展生命教育、防灾减灾教育、禁毒和预防艾滋病教育。
		71. 普及疾病预防、饮食卫生常识以及生长发育和青春期保健知识。
		72. 落实《中小学幼儿园应急疏散演练指南》，提高师生应对突发事件和自救自护能力。
	营造尊重包容的学校文化	73. 树立尊重差异的意识，尊重不同民族文化和地域文化，营造多元包容、和睦相处的环境。
		74. 培养学生法律意识和规则意识，营造体现法治精神的校园文化氛围。教育引导学生依法上网、文明上网、健康上网、安全上网。
		75. 做好校园绿化、美化、净化工作，合理布置和设计校园，有效利用空间和墙面，建设生态校园、文化校园，发挥环境育人功能。
		76. 每年通过科技节、艺术节等形式，因地制宜组织丰富多彩的学校活动。
六、建设现代学校制度	提升依法科学管理能力	77. 每年组织学习《教育法》、《义务教育法》、《教师法》和《未成年人保护法》等法律，增强法治观念，提升依法治校能力。
		78. 依法制定学校章程，规范学校治理行为，提升学校治理水平。
		79. 制定学校发展规划，确定年度实施方案，客观评估办学绩效。
		80. 健全管理制度，建立便捷规范的办事程序，完善内部机构组织规则、议事规则等。
		81. 指定专人负责学校法制事务，或聘请专业机构、人员作为法律顾问协助学校处理法制事务。

续表

管理职责	管理任务	管理要求
六、建设现代学校制度	建立健全民主管理制度	82. 定期召开校务会议，民主决策学校重大事项。 83. 发挥学校党组织的战斗堡垒作用和党员教师的先锋模范作用。 84. 健全教职工代表大会制度，涉及教职工切身利益及学校发展的重要事项，提交教代会讨论通过。 85. 设置信息公告栏，公开校务信息，保证教职工、学生、相关社会公众对学校重大事项、重要制度的知情权。 86. 落实学校领导接待日制度，设立校长信箱，搭建信息沟通平台，听取学生、教职工和家长的意见和建议。 87. 发挥少先队、共青团、学生会、学生社团的作用，引导学生自我管理或参与学校治理。 88. 建立师生申诉调解机制，畅通师生权利的救助渠道。
	构建和谐的家庭、学校、社区合作关系	89. 完善家长委员会，设立学校开放日，邀请家长参与学校治理，形成育人合力。 90. 引入社会和利益相关者的监督，密切学校与社区联系，促进社区代表参与学校治理。 91. 主动争取社会资源和社会力量支持学校改革发展。 92. 有序开放学校体育文化设施，服务社区居民。

三、实施要求

（一）本标准是对学校管理的基本要求，适用于全国所有义务教育阶段的学校。鉴于全国各地区的差异，各省、自治区、直辖市教育行政部门可以依据本标准和本地实际提出实施意见，细化标准要求。在实施过程中要因地制宜，分类指导，分步实施，逐步完善，促进当地学校治理水平的提升。

（二）本标准对学校治理工作提出具体要求，是学校工作的重要依据。各级教育行政部门和教师培训机构要将本标准作为校长和教师培训的重要内容，结合当地情况，开展有针对性的培训，使广大校长和教师充分了解基本要求，掌握精神实质，指导具体工作。

（三）学校要将本标准作为学校治理的基本依据，树立先进的学校治理理念，建立健全各项管理制度，完善工作机制。校长和教师要按照本标准的要求规范自身的管理和教育、教学行为，把标准的各项要求落到实处。

（四）教育督导部门应按照本标准修订完善义务教育学校督导评估指标体系和标准，开展督导评估工作，促进学校规范办学、科学管理，提高教育质量和办学水平。

城乡义务教育补助经费管理办法

财政部　教育部关于印发
《城乡义务教育补助经费管理办法》的通知
财科教〔2016〕7号

各省、自治区、直辖市、计划单列市财政厅（局）、教育厅（局、教委），新疆生产建设兵团财务局、教育局：

为加强城乡义务教育补助经费管理，提高经费使用效益，现将《城乡义务教育补助经费管理办法》印发你们，请遵照执行。执行中如有问题，请及时反馈我们。

财政部　教育部
2016年11月11日

第一条　为加强城乡义务教育补助经费管理，提高资金使用效益，推进义务教育均衡发展，根据《国务院关于进一步完善城乡义务教育经费保障机制的通知》（国发〔2015〕67号）和有关法律制度规定，制定本办法。

第二条　本办法所称城乡义务教育补助经费（以下简称补助经费），是指中央财政设立的用于支持城乡义务教育发展的转移支付资金。本办法所称城市、农村地区划分标准：国家统计局最新版本的《统计用区划代码》中的第5—6位（区县代码）为01—20且《统计用城乡划分代码》中的第13—15位（城乡分类代码）为111的主城区为城市，其他地区为农村。

第三条　补助经费管理遵循"城乡统一、重在农村，统筹安排、突出重点，客观公正、规范透明，注重实效、强化监督"的原则。

第四条　补助经费由财政部、教育部根据党中央、国务院有关决策部署和义务教育改革发展工作重点确定支持内容。现阶段，重点支持本办法第五条至第七条所规定的内容。

第五条　落实城乡义务教育经费保障机制。主要包括：

（一）对城乡义务教育学生（含民办学校学生）免除学杂费、免费提供教科书，对家庭经济困难寄宿生补助生活费。民办学校学生免除学杂费标准按照中央确定的生均公用经费基准定额标准执行。免费提供国家规定课程教科书和免费为小学一年级新生提供正版学生字典所需资金，由中央财政全额承担（含以2016年为基数核定的出版发行少数民族文字教材亏损补贴），具体根据各省份义务教育在校生数、补助标准、教科书循环使用等因素核定。家庭经济困难寄宿生生活费补助资金由中央与地方按规定比例分担，中央财政补助经费具体根据各省份义务教育寄宿生数、寄宿生贫困面、补助标准、分配系数等因素核定。中央财政对城市学生的免费教科书和寄宿生生活费补助从2017年春季学期开始。

（二）对城乡义务教育学校（含民办学校）按照不低于生均公用经费基准定额的标准补助公用经费，并适当提高寄宿制学校、规模较小学校、北方取暖地区学校、特殊教育学校和随班就读残疾学生的公用经费补助水平。公用经费补助资金由中央与地方按规定比例分担，中央财政补助经费具体根据生均公用经费基准定额、各省份义务教育在校生数、规模较小学校数、分配系数等因素核定。城乡义务教育生均公用经费基准定额由中央统一确定。

本办法所称公用经费是指保障义务教育学校正常运转、完成教育教学活动和其他日常工作任务等方面支出的费用，具体支出范围包括：教学业务与管理、教师培训、实验实习、文体活动、水电、取暖、交通差旅、邮电，仪器设备及图书资料等购置，房屋、建筑物及仪器设备的日常维修维护等。不得用于人员经费、基本建设投资、偿还债务等方面的支出。其中，教师培训费按照学校年度公用经费预算总额的 5% 安排，用于教师按照学校年度培训计划参加培训所需的差旅费、伙食补助费、资料费和住宿费等开支。

（三）巩固完善农村义务教育学校校舍安全保障长效机制，支持公办学校维修改造、抗震加固、改扩建校舍及其附属设施。中西部地区所需资金由中央与地方按规定比例分担，中央财政补助经费具体根据各省份农村义务教育在校生数、生均校舍面积标准、安全校舍面积、使用年限、单位面积补助标准、分配系数等因素核定；中央财政对东部地区采取"以奖代补"方式给予适当奖补，补助经费具体根据各省份农村义务教育在校生数、财力状况、校舍安全保障投入及危房改造成效等因素核定。

（四）对地方落实集中连片特困地区乡村教师生活补助等政策给予综合奖补，中央财政补助经费根据相关省份落实乡村教师生活补助政策等中央有关决策部署情况、义务教育改革发展情况、工作努力程度等因素核定，地方可统筹用于城乡义务教育经费保障机制相关支出。

现阶段，以各地实际发放乡村教师月人均生活补助标准与中央综合奖补标准（月人均 200 元）的比值为参考值，设立综合奖补标准调整系数。中央财政按照综合奖补标准、参考调整系数核定相关省份综合奖补资金。

第六条 实施农村义务教育阶段学校教师特设岗位计划。中央财政对特岗教师给予工资性补助，补助资金根据在岗特岗教师人数、补助标准与相关省份据实结算。

第七条 实施农村义务教育学生营养改善计划。国家试点地区营养膳食补助所需资金，由中央财政全额承担，用于向学生提供等值优质的食品，不得以现金形式直接发放，不得用于补贴教职工伙食、学校公用经费，不得用于劳务费、宣传费、运输费等工作经费，具体根据国家试点地区覆盖学生数、补助标准核定；对于地方试点，中央财政给予适当奖补，具体根据地方试点地区覆盖学生数、地方财政投入、组织管理、实施效果等因素核定。现阶段，对地方试点膳食补助标准达到每生每天 4 元以上的省份，中央财政按照每生每天 2 元标准给予奖补；对未达到 4 元的省份，按照每生每天 1.5 元的标准给予奖补。

第八条　财政部、教育部根据党中央、国务院有关决策部署、义务教育改革发展实际以及财力状况适时调整第五条至第七条相关补助标准及分配因素。

城乡义务教育补助经费分配公式为：某省份城乡义务教育补助经费=城乡义务教育经费保障机制资金+特岗教师工资性补助资金+学生营养改善计划补助资金。

第九条　省级财政、教育部门应当于每年 2 月底前向财政部、教育部报送当年补助经费申报材料。申报材料需经财政部驻当地财政监察专员办事处审核后报送。逾期不提交的，相应扣减相关分配因素得分。申报材料主要包括：

（一）上年度补助经费安排使用情况，主要包括上年度补助经费使用情况、年度绩效目标完成情况、地方财政投入情况、主要管理措施、问题分析及对策。

（二）当年工作计划，主要包括当年全省义务教育工作目标和绩效目标、重点任务和资金安排计划，绩效目标要明确、具体、可考核。

（三）上年度省级财政安排用于推动义务教育均衡发展方面的资金统计表及相关预算文件。

第十条　补助经费由财政部、教育部共同管理。教育部负责审核地方相关材料和数据，提供资金测算需要的基础数据，并提出资金需求测算方案。财政部根据中央转移支付资金管理相关规定，会同教育部研究确定各省份补助经费预算金额。省级财政、教育部门明确省级及省以下各级财政、教育部门在经费分担、资金使用管理等方面的责任，切实加强资金管理。

第十一条　财政部和教育部于每年全国人民代表大会批准中央预算后三十日内正式下达补助经费预算。每年 10 月 31 日前，提前下达下一年度补助经费预计数。省级财政、教育部门在收到补助经费预算文件后，应当在三十日内按照预算级次合理分配、及时下达，并抄送财政部驻当地财政监察专员办事处。

第十二条　补助经费支付执行国库集中支付制度。其中，城乡义务教育经费保障机制资金（包括免费教科书、公用经费、寄宿生生活费、校舍安全保障长效机制和综合奖补等补助经费）拨付暂按照现行有关规定执行。补助经费涉及政府采购的，按照政府采购有关法律制度执行。国家课程免费教科书由省级教育、财政部门结合当地实际，按政府采购有关规定统一组织采购。

第十三条　省级财政、教育部门在分配补助经费时，应当结合本地区年度义务教育重点工作和本省省级财政安排的城乡义务教育补助经费，加大省级统筹力度，重点向农村地区倾斜，向边远地区、贫困地区、民族地区、革命老区倾斜。省级财政、教育部门要按责任、按规定切实落实应承担的资金；合理界定寄宿生贫困面，提高资助的精准度；合理确定校舍安全保障长效机制项目管理的具体级次和实施办法；统筹落实好特岗教师在聘任期间的工资津补贴等政策；指导省以下各级财政、教育部门科学确定营养改善计划供餐模式及经费补助方式等。

第十四条　县（区）级财政、教育部门应当落实经费管理的主体责任，加强区域内相关教育经费的统筹安排和使用，兼顾不同规模学校运转的实际情况，向寄宿制学校、规模较小学校、薄弱学校倾斜，保障规模较小学校和教学点的基本需求；加强学校预算管理，细化预算编制，硬化预算执行，强化预算监督；规范学校财务管理，确保补助经费使用安全、规范和有效。县（区）级教育部门应会同财政、建设等有关部门，定期对辖区内学校校舍进行排查、核实，结合本地学校布局调整等规划，编制校舍安全保障总规划和年度计划，按照本省校舍安全保障长效机制项目管理有关规定，负责组织实施项目，项目实施和资金安排情况，要逐级上报省级教育、财政部门备案。

第十五条　学校应当建立健全预算管理制度，按照轻重缓急、统筹兼顾的原则安排使用公用经费，既要保证开展日常教育教学活动所需的基本支出，又要适当安排促进学生全面发展所需的活动经费支出；制定完善内部经费管理办法，细化公用经费等支出范围与标准，加强实物消耗核算，建立规范的经费、实物等管理程序，建立物品采购登记台账，健全物品验收、进出库、保管、领用制度，明确责任，严格管理；建立健全内部控制制度、经济责任制度等监督制度，依法公开财务信息，依法接受主管部门和财政、审计等部门的监督；做好给予个人有关补助的信息公示工作，接受社会公众监督。

第十六条　财政部、教育部根据工作需要适时组织开展补助经费监督检查和绩效管理。地方各级财政、教育部门应当加强补助经费的监督检查和绩效管理，建立健全全过程预算绩效管理机制，不断提高资金使用效益，并按照规定做好信息公开工作。各级教育部门要加强基础信息管理，确保学生信息、学校基本情况、教师信息等数据真实准确。财政部驻各地财政监察专员办事处应当按照工作职责和财政部要求，对补助经费实施监管。

第十七条　补助经费要建立"谁使用、谁负责"的责任机制。严禁将补助经费用于平衡预算、偿还债务、支付利息、对外投资等支出，不得从补助经费中提取工作经费或管理经费。对于挤占、挪用、虚列、套取补助经费等行为，按照《预算法》、《财政违法行为处罚处分条例》等国家有关法律规定严肃处理。

第十八条　各级财政、教育部门及其工作人员在补助经费分配方案的制定和复核过程中，违反规定分配补助经费或者向不符合条件的单位（或项目）分配补助经费以及滥用职权、玩忽职守、徇私舞弊的，按照《预算法》、《公务员法》、《行政监察法》、《财政违法行为处罚处分条例》等国家有关法律规定追究责任，并视情况提请同级政府进行行政问责；涉嫌犯罪的，移送司法机关处理。

第十九条 本办法由财政部、教育部负责解释。各省级财政、教育部门应当根据本办法，结合各地实际，制定具体管理办法，报财政部、教育部备案，并抄送财政部驻当地财政监察专员办事处。

第二十条 本办法自 2016 年 12 月 1 日起施行。财政部、教育部发布的《对农村义务教育阶段家庭经济困难学生免费提供教科书工作暂行管理办法》（财教〔2004〕5 号）、《农村中小学公用经费支出管理暂行办法》（财教〔2006〕5 号）、《农村中小学校舍维修改造专项资金管理暂行办法》（财教〔2006〕6 号）、《东部地区农村中小学校舍维修改造"以奖代补"专项资金管理暂行办法》（财教〔2006〕287 号）、《关于变更东部地区农村中小学校舍维修改造工作情况材料报送时间的通知》（财办教〔2010〕36 号）、《农村义务教育学生营养改善计划专项资金管理暂行办法》（财教〔2012〕231 号）、《进城务工农民工随迁子女接受义务教育中央财政奖励实施暂行办法》（财教〔2008〕490 号）同时废止。上述文件涉及相关工作的管理办法由教育部会同相关部门另行制定。

全国农村义务教育阶段学生免收
学杂费的实施管理办法

财政部　教育部关于印发《全国农村义务教育阶段
学生免收学杂费的实施管理办法》的通知
财教〔2006〕4号

各省、自治区、直辖市、计划单列市财政厅（局）、教育
厅（局，教委），新疆生产建设兵团财务局、教委：

按照《国务院关于深化农村义务教育经费保障机制改
革的通知》（国发〔2005〕43号）和全国农村义务教育经
费保障机制改革工作会议的精神，我们制定了《全国农村
义务教育阶段学生免收学杂费的实施管理办法》，现印发
给你们，请认真执行。

中华人民共和国财政部
中华人民共和国教育部
二〇〇六年一月十九日

第一条　为切实做好农村义务教育阶段学生免除学杂费工作，根据《国务院关于深化农村义务教育经费保障机制改革的通知》（国发〔2005〕43号）精神，制定本办法。

第二条　享受免除学杂费政策的对象包括：在农村地区（含镇）义务教育阶段公办学校就读的学生；在农垦、林场等所属义务教育阶段学校就读的学生；在县城所在地义务教育阶段公办学校就读的贫困家庭学生。中央免学杂费补助资金以各省、自治区、直辖市2004年度教育事业统计公报学生数为准计算。免学杂费补助标

准由财政部、教育部根据目前各省、自治区、直辖市制定的"一费制"文件中农村中小学学杂费（含信息技术费、取暖费）标准，按中档就高原则逐省份核定。

第三条　免学杂费补助资金由中央财政和地方财政共同承担。中央和地方分担比例分别为：西部地区8∶2，中部地区6∶4，东部地区除直辖市外，按照地方财力状况，分省确定中央和地方分担比例。东部地区未享受中央补助的省份，其免学杂费资金全部由地方财政承担。

地方财政承担的免学杂费补助资金根据国发〔2005〕43号文件精神，由省级财政负责统筹落实，并制订省以下具体分担办法。

第四条　农村义务教育阶段免收学杂费政策按区域分步推进。自2006年春季学期开始，西部地区农村义务教育阶段学生全部免收学杂费；2007年春季学期开始，中部地区和东部地区农村义务教育阶段学生全部免收学杂费。

第五条　中央和地方财政安排的免学杂费补助资金，是农村中小学公用经费的重要组成部分，各级财政必须确保资金落实到位，并全部用于学校公用经费开支，严禁以任何理由、任何方式截留、滞留、挤占和挪用，或用于平衡财政预算。

第六条　县级财政要根据农村中小学校在校学生数和学杂费标准，将免学杂费补助资金足额纳入本级预算，按规定及时拨付，不得先免后补，并确保按照规定用途和标准使用。免学杂费政策实施情况和各学校公用经费安排情况，要向社会公布，接受社会监督。免学杂费补助资金由县级财政直接核拨同级教育行政部门或农村中小学校，不得下拨到乡镇。

第七条　免收学杂费政策实施后，各级财政原来安排的中小学预算内公用经费要继续保留，严禁将免学杂费补助资金冲减、抵顶财政预算内生均公用经费拨款。

第八条　免收学杂费政策实施后，学校只能按"一费制"规定收取课本费、作业本费两项代收费项目和寄宿学生住宿费。自 2009 年春季学期开学起，取消寄宿制学生住宿费。学校和教职工不得再向学生收取其他任何费用。学校代学生购买课本、作业本，应据实结算，不得收取任何形式的"回扣"，严禁收取如手续费等任何形式的服务费。违反者按乱收费严肃处理，追究教育主管部门领导和学校校长的行政责任。

第九条　县级以上各级财政、教育等部门要加强对免收学杂费政策落实情况的监督检查，确保免收学杂费政策的顺利实施。

第十条　各省、自治区、直辖市财政、教育部门可根据本办法，结合本地实际情况制定具体的实施细则，并报财政部、教育部备案。

第十一条　本办法自发布之日起执行。

第十二条　本办法由财政部、教育部负责解释。

国务院关于进一步完善城乡义务教育
经费保障机制的通知

国发〔2015〕67号

各省、自治区、直辖市人民政府，国务院各部委、各直属机构：

为深入贯彻党的十八大和十八届二中、三中、四中、五中全会精神，认真落实党中央、国务院决策部署，统筹城乡义务教育资源均衡配置，推动义务教育事业持续健康发展，国务院决定，自2016年起进一步完善城乡义务教育经费保障机制。现就有关事项通知如下：

一、重要意义

义务教育是教育工作的重中之重，在全面建成小康社会进程中具有基础性、先导性和全局性的重要作用。自2006年实施农村义务教育经费保障机制改革以来，义务教育逐步纳入公共财政保障范围，城乡免费义务教育全面实现，稳定增长的经费保障机制基本建立，九年义务教育全面普及，县域内义务教育均衡发展水平不断提高。但随着我国新型城镇化建设和户籍制度改革不断推进，学生流动性加大，现行义务教育经费保障机制已不能很好适应新形势要求。城乡义务教育经费保障机制有关政策不统一、经费可携带性不强、资源配置不够均衡、综合改革有待深化等问题，都需要进一步采取措施，切实加以解决。

在整合农村义务教育经费保障机制和城市义务教育奖补政策的基础上，建立城乡统一、重在农村的义务教育经费保障机制，是教育领域健全城乡发展一体化体制机制的重大举措。这有利于推动省级政府统筹教育改革，优化教育布局，实现城乡义务教育在更高层次的均衡发展，促进教育公平、提高教育质量；有利于深化财税体制改革，推动实现财政转移支付同农业转移人口市民化挂钩，促进劳动力合理流动，推动经济结构调整和产业转型升级；有利于促进基本公共服务均等化，构建社会主义和谐社会，建设人力资源强国。

二、总体要求

（一）坚持完善机制，城乡一体。适应新型城镇化和户籍制度改革新形势，按照深化财税体制改革、教育领域综合改革的新要求，统筹设计城乡一体化的义务教育经费保障机制，增强政策的统一性、协调性和前瞻性。

（二）坚持加大投入，突出重点。继续加大义务教育投入，优化整合资金，盘活存量，用好增量，重点向农村义务教育倾斜，向革命老区、民族地区、边疆地区、贫困地区倾斜，统筹解决城市义务教育相关问题，促进城乡义务教育均衡发展。

（三）坚持创新管理，推进改革。大力推进教育管理信息化，创新义务教育转移支付与学生流动相适应的管理机制，实现相关教育经费可携带，增强学生就读学校的可选择性。

（四）坚持分步实施，有序推进。区分东中西部、农村和城镇学校的实际情况，合理确定实施步骤，通过两年时间逐步完善城乡义务教育经费保障机制，并在此基础上根据相关情况变化适时进行调整完善。

三、主要内容

整合农村义务教育经费保障机制和城市义务教育奖补政策，建立统一的中央和地方分项目、按比例分担的城乡义务教育经费保障机制。

（一）统一城乡义务教育"两免一补"政策。对城乡义务教育学生免除学杂费、免费提供教科书，对家庭经济困难寄宿生补助生活费（统称"两免一补"）。民办学校学生免除学杂费标准按照中央确定的生均公用经费基准定额执行。免费教科书资金，国家规定课程由中央全额承担（含出版发行少数民族文字教材亏损补贴），地方课程由地方承担。家庭经济困难寄宿生生活费补助资金由中央和地方按照 5：5 比例分担，贫困面由各省（区、市）重新确认并报财政部、教育部核定。

（二）统一城乡义务教育学校生均公用经费基准定额。中央统一确定全国义务教育学校生均公用经费基准定额。对城乡义务教育学校（含民办学校）按照不低于基准定额的标准补助公用经费，并适当提高寄宿制学校、规模较小学校和北方取暖地区学校补助水平。落实生均公用经费基准定额所需资金由中央和地方按比例分担，西部地区及中部地区比照实施西部大开发政策的县（市、区）为 8：2，中部其他地区为 6：4，东部地区为 5：5。提高寄宿制学校、规模较小学校和北方取暖地区学校公用经费补助水平所需资金，按照生均公用经费基准定额分担比例执行。现有公用经费补助标准高于基准定额的，要确保水平不降低，同时鼓励各地结合实际提高公用经费补助标准。中央适时对基准定额进行调整。

（三）巩固完善农村地区义务教育学校校舍安全保障长效机制。支持农村地区公办义务教育学校维修改造、抗震加固、改扩建校舍及其附属设施。中西部农村地区公办义务教育学校校舍安全保障机制所需资金由中央和地方按照 5：5 比例分担；对东部农村地区，中央继续采取"以奖代补"方式，给予适当奖励。城市地区公办义务教育学校校舍安全保障长效机制由地方建立，所需经费由地方承担。

（四）巩固落实城乡义务教育教师工资政策。中央继续对中西部地区及东部部分地区义务教育教师工资经费给予支持，省级人民政府加大对本行政区域内财力薄弱地区的转移支付力度。县级人民政府确保县域内义务教育教师工资按时足额发放，教育部门在分配绩效工资时，要加大对艰苦边远贫困地区和薄弱学校的倾斜力度。

统一城乡义务教育经费保障机制，实现"两免一补"和生均公用经费基准定额资金随学生流动可携带。同时，国家继续实施农村义务教育薄弱学校改造计划等相关项目，着力解决农村义务教育发展中存在的突出问题和薄弱环节。

四、实施步骤

（一）从 2016 年春季学期开始，统一城乡义务教育学校生均公用经费基准定额。中央确定 2016 年生均公用经费基准定额为：中西部地区普通小学每生每年 600 元、普通初中每生每年 800 元；东部地区普通小学每生每年 650 元、普通初中每生每年 850 元。在此基础上，对寄宿制学校按照寄宿生年生均 200 元标准增加公用经费补助，继续落实好农村地区不足 100 人的规模较小学校按 100 人核定公用经费和北方地区取暖费等政策；特殊教育学校和随班就读残疾学生按每生每年 6000 元标准补助公用经费。同时，取消对城市义务教育免除学杂费和进城务工人员随迁子女接受义务教育的中央奖补政策。

（二）从 2017 年春季学期开始，统一城乡义务教育学生"两免一补"政策。在继续落实好农村学生"两免一补"和城市学生免除学杂费政策的同时，向城市学生免费提供教科书并推行部分教科书循环使用制度，对城市家庭经济困难寄宿生给予生活费补助。中央财政适时提高国家规定课程免费教科书补助标准。

（三）以后年度，根据义务教育发展过程中出现的新情况和新问题，适时完善城乡义务教育经费保障机制相关政策措施。

高校、军队、农垦、林场林区等所属义务教育学校经费保障机制，与所在地区同步完善，所需经费按照现行体制予以保障。

五、组织保障

（一）加强组织领导，强化统筹协调。各地区、各有关部门要高度重视，加强组织领导。省级人民政府要切实发挥省级统筹作用，制定切实可行的实施方案和省以下各级政府间的经费分担办法，完善省以下转移支付制度，加大对本行政区域内困难地区的支持。各省（区、市）要将实施方案、省以下资金分担比例和家庭经济困难寄宿生贫困面，于 2016 年 3 月底前报财政部、教育部。县级人民政府要按照义务教育"以县为主"的管理体制，落实管理主体责任。国务院有关部门要发挥职能作用，加强工作指导和协调。

（二）优化教育布局，深化教育改革。各地要结合人口流动的规律、趋势和城市发展规划，及时调整完善教育布局，将民办学校纳入本地区教育布局规划，科学合理布局义务教育学校。加快探索建立乡村小规模学校办学机制和管理办法，建设并办好寄宿制学校，慎重稳妥撤并乡村学校，努力消除城镇学校"大班额"，保障当地适龄儿童就近入学。加强义务教育民办学校管理。深化教师人事制度改革，健全城乡教师和校长交流机制，健全义务教育治理体系，加强留守儿童教育关爱。

（三）确保资金落实，强化绩效管理。各级人民政府要按照经费分担责任足额落实应承担的资金，并确保及时足额拨付到位。县级人民政府要加强县域内教育经费的统筹安排，保障规模较小学校正常运转；加强义务教育学校预算管理，细化预算编制，硬化预算执行，强化预算监督。规范义务教育学校财务管理，创新管理理念，将绩效预算贯穿经费使用管理全过程，切实提高经费使用效益。

（四）推进信息公开，强化监督检查。各级人民政府要加大信息公开力度，将义务教育经费投入情况向同级人民代表大会报告，并向社会公布，接受社会监督。各级财政、教育、价格、审计、监察等有关部门要齐抓共管，加强对义务教育经费保障机制资金使用管理、学校收费等情况的监督检查。各级教育部门要加强义务教育基础信息管理工作，确保学生学籍信息、学校基本情况、教师信息等数据真实准确。

（五）加大宣传力度，营造良好氛围。各地区、各有关部门要高度重视统一城乡义务教育经费保障机制的宣传工作，广泛利用各种宣传媒介，采取多种方式，向社会进行深入宣传，使党和政府的惠民政策家喻户晓、深入人心，确保统一城乡义务教育经费保障机制各项工作落实到位。

本通知自 2016 年 1 月 1 日起执行。凡以往规定与本通知规定不一致的，按本通知规定执行。

国务院

2015 年 11 月 25 日

国务院关于统筹推进县域内城乡
义务教育一体化改革发展的若干意见

国发〔2016〕40号

各省、自治区、直辖市人民政府，国务院各部委、各直属机构：

义务教育是教育工作的重中之重，是国家必须保障的公益性事业，是必须优先发展的基本公共事业，是脱贫攻坚的基础性事业。当前，我国已进入全面建成小康社会的决胜阶段，正处于新型城镇化深入发展的关键时期，这对整体提升义务教育办学条件和教育质量提出了新要求。同时，户籍制度改革、计划生育政策调整、人口及学生流动给城乡义务教育学校规划布局和城镇学位供给带来了巨大挑战。在许多地方，城乡二元结构矛盾仍然突出，乡村优质教育资源紧缺，教育质量亟待提高；城镇教育资源配置不适应新型城镇化发展，大班额问题严重。为落实全面建成小康社会要求，促进义务教育事业持续健康发展，现就统筹推进县域内城乡义务教育一体化改革发展提出如下意见。

一、指导思想

全面贯彻党的十八大和十八届三中、四中、五中全会精神，深入贯彻习近平总书记系列重要讲话精神，按照"四个全面"战略布局和党中央、国务院决策部署，切实加强党对教育工作的领导，坚持以新发展理念为引领，落实立德树人根本任务，加强学校党的建设，深化综合改革，推进依法治教，提高教育质量，统筹推进县域内城乡义务教育一体化改革发展。适应全面建成小康社会需要，合理规划城乡义务教育学校布局建设，完善城乡义务教育经费保障机制，统筹城乡教育资源配置，向乡村和城乡结合部倾斜，大力提高乡村教育质量，适度稳定乡村生源，增加城镇义务教育学位和乡镇学校寄宿床位，推进城镇义务教育公共服务常住人口全覆盖，着力解决"乡村弱"和"城镇挤"问题，巩固和均衡发展九年义务教育，加快缩小县域内城乡教育差距，为到2020年教育现代化取得重要进展和全面建成小康社会奠定坚实基础。

二、基本原则

优先发展，统筹规划。在推进新型城镇化进程中坚持优先发展义务教育，做到公共资源配置上对义务教育统筹规划、优先发展和重点保障。坚持城乡并重和软硬件并重，科学推进城乡义务教育公办学校标准化建设。

深化改革，创新机制。深化义务教育治理结构、教师管理和保障机制改革，构建与常住人口增长趋势和空间布局相适应的城乡义务教育学校布局建设机制，完善义务教育治理体系，提升义务教育治理能力现代化水平。

提高质量，公平共享。把立德树人作为根本任务，把均衡发展和品质提升作为重要抓手，积极培育和践行社会主义核心价值观，促进教育公平，使城乡学生共享有质量的教育。

分类指导，有序推进。针对东中西部、城镇类型、城镇化水平和乡村实际情况，因地制宜选择发展路径，科学规划城乡义务教育规模，保障教师按需配置，引导学生合理流动。

三、工作目标

加快推进县域内城乡义务教育学校建设标准统一、教师编制标准统一、生均公用经费基准定额统一、基本装备配置标准统一和"两免一补"政策城乡全覆盖，到2020年，城乡二元结构壁垒基本消除，义务教育与城镇化发展基本协调；城乡学校布局更加合理，大班额基本消除，乡村完全小学、初中或九年一贯制学校、寄宿制学校标准化建设取得显著进展，乡村小规模学校（含教学点）达到相应要求；城乡师资配置基本均衡，乡村教师待遇稳步提高、岗位吸引力大幅增强，乡村教育质量明显提升，教育脱贫任务全面完成。义务教育普及水平进一步巩固提高，九年义务教育巩固率达到95%。县域义务教育均衡发展和城乡基本公共教育服务均等化基本实现。

四、主要措施

（一）同步建设城镇学校。各地要按照城镇化规划和常住人口规模编制城镇义务教育学校布局规划，根据学龄人口变化趋势、中小学建设标准，预留足够的义务教育学校用地，纳入城市、镇规划并严格实施，不得随意变更，确保城镇学校建设用地。实行教育用地联审联批制度，新建配套学校建设方案，相关部门应征得同级教育行政部门同意。依法落实城镇新建居住区配套标准化学校建设，老城区改造配套学校建设不足和未达到配建学校标准的小规模居住区，由当地政府统筹新建或改扩建配套学校，确保足够的学位供给，满足学生就近入学需要。地方政府要实施"交钥匙"工程，确保配套学校建设与住宅建设首期项目同步规划、同步建设、同步交付使用。

（二）努力办好乡村教育。各地要结合国家加快水电路气等基础设施向农村延伸，在交通便利、公共服务成型的农村地区合理布局义务教育学校。同时，办好必要的乡村小规模学校。因撤并学校造成学生就学困难的，当地政府应因地制宜，采取多种方式予以妥善解决。合理制定闲置校园校舍综合利用方案，严格规范权属确认、用途变更、资产处置等程序，并优先用于教育事业。要切实提高教育资源使用效益，避免出现"边建设、边闲置"现象。着力提升乡村教育质量，按照国家课程方案开设国家课程，通过开展城乡对口帮扶和一体化办学、加强校长教师轮岗交流和乡村校长教师培训、利用信息技术共享优质资源、将优质高中招生分配指标向乡村初中倾斜等方式，补齐乡村教育短板。推动城乡教师交流，城镇学校和优质学校教师每学年到乡村学校交流轮岗的比例不低于符合交流条件教师总数的10%，其中骨干教师不低于交流轮岗教师总数的

20%。结合乡村教育实际，定向培养能够承担多门学科教学任务的教师，提高教师思想政治素质和师德水平，加强对学生的思想品德教育和爱国主义教育，在音乐和美术（或艺术）、体育与健康等学科中融入优秀传统艺术和体育项目，在学科教学特别是品德、科学教学中突出实践环节，确保综合实践和校外教育活动常态化。开展专题教育、地方课程和学校课程等课程整合试点，进一步增强课程的基础性、适宜性和教学吸引力。

（三）科学推进学校标准化建设。各地要逐县（市、区）逐校建立义务教育学校标准化建设台账，全面摸清情况，完善寄宿制学校、乡村小规模学校办学标准，科学推进城乡义务教育公办学校标准化建设，全面改善贫困地区义务教育薄弱学校基本办学条件。提升乡村学校信息化水平，全面提高乡村教师运用信息技术能力，促进优质教育资源共享。适当提高寄宿制学校、规模较小学校和北方取暖地区学校公用经费补助水平，切实保障正常运转。落实义务教育学校管理标准，提高学校管理标准化水平。重点提高乡镇寄宿制学校管理服务水平，通过政府购买服务等方式为乡镇寄宿制学校提供工勤和教学辅助服务。各地要在县域义务教育基本均衡的基础上，促进义务教育优质均衡发展，探索市（地）域义务教育均衡发展实现路径，鼓励有条件的地区在更大范围开展城乡义务教育一体化改革发展试点，发挥引领示范作用。

（四）实施消除大班额计划。省级人民政府要结合本地实际制订消除大班额专项规划，明确工作任务和时间表、路线图，到2018年基本消除66人以上超大班额，到2020年基本消除56人以上大班额。各地要统筹"十三五"期间义务教育学校建设项目，按照国家规定班额标准，新建和改扩建校园校舍，重点解决城镇大班额问题，加快消除现有大班额。要通过城乡义务教育一体化、实施学区化集团化办学或学校联盟、均衡配置师资等方式，加大对薄弱学校和乡村学校的扶持力度，促进均衡发展，限制班额超标学校招生人数，合理分流学生。县级教育行政部门要建立消除大班额工作台账，对大班额学校实行销号管理，避免产生新的大班额问题。各省级人民政府要于2016年年底前将消除大班额专项规划报国家教育体制改革领导小组备案。

（五）统筹城乡师资配置。各地要依据义务教育学校教职工编制标准、学生规模和教育教学需要，按照中央严格控制机构编制有关要求，合理核定义务教育学校教职工编制。建立城乡义务教育学校教职工编制统筹配置机制和跨区域调整机制，实行教职工编制城乡、区域统筹和动态管理，盘活编制存量，提高使用效益。国务院人力资源社会保障部门和教育部门要研究确定县域统一的义务教育学校岗位结构比例，完善职称评聘政策，逐步推动县域内同学段学校岗位结构协调并向乡村适当倾斜，实现职称评审与岗位聘用制度的有效衔接，吸引优秀教师向农村流动。县级教育行政部门在核定的教职工编制总额和岗位总量内，要按照班额、生源等情况，充分考虑乡村小规模学校、寄宿制学校和城镇学校的实际需要，统筹分配各校教职工编制和岗位数量，并向同级机构编制部门、人力资源社会保障部门和财政部门备案。全面推进教师"县管校聘"改革，按照教师职业特点和岗位要求，完善教师招聘机制，统筹调配编内教师资源，着力解决乡村教师结构性缺员和城镇师资不足问题。严禁在有合格教师来源的情况下"有编不补"、长期聘用编外教师，严禁挤占挪用义务教育学校教职工编制和各种形式"吃空饷"。积极鼓励和引导乡村志愿支教活动。

（六）改革乡村教师待遇保障机制。各地要实行乡村教师收入分配倾斜政策，落实并完善集中连片特困地区和边远艰苦地区乡村教师生活补助政策，因地制宜稳步扩大实施范围，按照越往基层、越往艰苦地区补助水平越高的原则，使乡村教师实际工资收入水平不低于同职级县镇教师工资收入水平。健全长效联动机制，核定义务教育学校绩效工资总量时统筹考虑当地公务员实际收入水平，确保县域内义务教育教师平均工资收入水平不低于当地公务员的平均工资收入水平。建立乡村教师荣誉制度，使广大乡村教师有更多的获得感。完善乡村教师职业发展保障机制，合理设置乡村学校中级、高级教师岗位比例。落实中小学教师职称评聘结合政策，确保乡村学校教师职称即评即聘。将符合条件的边远艰苦地区乡村学校教师纳入当地政府住房保障体系，加快边远艰苦地区乡村教师周转宿舍建设。

（七）改革教育治理体系。各地要深化义务教育治理结构改革，完善县域内城乡义务教育一体化改革发展监测评估标准和督导评估机制，切实提高政府教育治理能力。在实行"以县为主"管理体制基础上，进一步加强省级政府统筹，完善乡村小规模学校办学机制和管理办法，将村小学和教学点纳入对乡村中心学校考核，加强乡村中心学校对村小学、教学点的指导和管理。充分发挥学校党组织政治核心作用，坚持育人为本、德育为先，全面加强思想政治教育；认真落实校长负责制，全面推进学校章程建设，完善学校重大事项决策机制，逐步形成中国特色的依法办学、自主管理、民主监督、社会参与的现代学校制度。落实学校办学自主地位，完善家长委员会，推动社区参与学校治理，建立第三方评价机制，促进学校品质提升。健全校长和班主任工作激励机制，根据考核结果合理确定校长绩效工资水平，坚持绩效工资分配向班主任倾斜，班主任工作量按当地教师标准课时工作量一半计算。创新校外教育方式，构建校内外教育相互衔接的育人机制。探索建立学生意外伤害援助机制和涉校涉生矛盾纠纷调解仲裁机制，维护学校正常教育教学秩序和师生合法权益，推动平安校园建设。

（八）改革控辍保学机制。县级人民政府要完善控辍保学部门协调机制，督促监护人送适龄儿童、少年人学并完成义务教育。进一步落实县级教育行政部门、乡镇政府、村（居）委会、学校和适龄儿童父母或其他监护人控辍保学责任，建立控辍保学目标责任制和联控联保机制。县级教育行政部门要依托全国中小学生学籍信息管理系统建立控辍保学动态监测机制，加强对农村、边远、贫困、民族等重点地区，初中等重点学段，以及流动留守儿童、家庭经济贫困儿童等重点群体的监控。义务教育学校要加大对学习困难学生的帮扶力度，落实辍学学生劝返、登记和书面报告制度，劝返无效的，应书面报告县级教育行政部门和乡镇人民政府，相关部门应依法采取措施劝返复学。居民委员会和村民委员会要协助政府做好控辍保学工作。各地要加大对家庭经济困难学生的社会救助和教育资助力度，优先将建档立卡的贫困户家庭学生纳入资助范围。深入实施农村义务教育学生营养改善计划，提高营养膳食质量，改善学生营养状况。通过保障就近入学、建设乡镇寄宿制学校、增设公共交通线路、提供校车服务等方式，确保乡村适龄儿童不因上学不便而辍学。针对农村残疾儿童实际，做到"一人一案"，切实保障农村残疾儿童平等接受义务教育权利。完善学生资助政策，继续扩大面向贫困地区定向招生专项计划招生人数，畅通绿色升学通道，切实提高贫困家庭学生升学信心。

（九）改革随迁子女就学机制。各地要进一步强化流入地政府责任，将随迁子女义务教育纳入城镇发展规划和财政保障范围，坚持积极进取、实事求是、稳步推进，适应户籍制度改革要求，建立以居住证为主要依据的随迁子女入学政策，切实简化优化随迁子女入学流程和证明要求，提供便民服务，依法保障随迁子女平等接受义务教育。利用全国中小学生学籍信息管理系统数据，推动"两免一补"资金和生均公用经费基准定额资金随学生流动可携带。要坚持以公办学校为主安排随迁子女就学，对于公办学校学位不足的可以通过政府购买服务方式安排在普惠性民办学校就读。实现混合编班和统一管理，促进随迁子女融入学校和社区。公办和民办学校都不得向随迁子女收取有别于本地户籍学生的任何费用。特大城市和随迁子女特别集中的地方，可根据实际制定随迁子女入学的具体办法。

（十）加强留守儿童关爱保护。各地要落实县、乡人民政府属地责任，建立家庭、政府、学校尽职尽责，社会力量积极参与的农村留守儿童关爱保护工作体系，促进农村留守儿童健康成长。要深入排查，建立台账，全面掌握留守儿童基本情况，加强关爱服务和救助保护，帮助解决实际困难，确保留守儿童人身安全。中小学校要加强法治教育、安全教育和心理健康教育，积极开展心理辅导。强化家庭监护主体责任，鼓励父母取得居住证的适龄儿童随父母在工作地就近入学，外出务工父母要依法履行监护职责和抚养义务。依法追究父母或其他监护人不履行监护职责的责任，依法处置各种侵害留守儿童合法权益的违法行为。发挥乡镇政府和村委会作用，督促外出务工家长履行监护责任。

五、组织保障

（一）加强党的领导。各地要认真落实党委全面从严治党主体责任，进一步加强新形势下党对城乡义务教育一体化改革发展工作的领导，全面贯彻党的教育方针，坚持社会主义办学方向。要高度重视义务教育学校党建工作，建立健全党委统一领导、教育部门具体负责、有关方面齐抓共管的学校党建工作领导体制，全面加强学校党组织建设，实现党组织全覆盖，严格党组织生活，切实做好教师思想政治工作，注重从优秀教师中发展党员，充分发挥学校党组织的战斗堡垒作用和党员教师的先锋模范作用。

（二）落实政府责任。各地要加强省级政府统筹，根据国家新型城镇化发展的总体部署和本地城镇化进程，把义务教育摆在优先发展的突出位置，纳入城镇发展规划。完善相关政策措施，通过政府购买服务、税收激励等引导和鼓励社会力量支持义务教育发展。把统筹推进县域内城乡义务教育一体化改革发展作为地方各级政府政绩考核的重要内容，完善考核机制，健全部门协调机制，及时研究解决义务教育改革发展面临的重大问题和人民群众普遍关心的热点问题，确保各项改革措施落实到位、工作目标按期实现，促进义务教育与新型城镇化协调发展。

（三）明确部门职责。各级教育部门要加强同有关部门的协调沟通，编制完善义务教育规划，积极推动县域内城乡义务教育一体化改革发展各项措施落实到位。发展改革部门在编制相关规划时，要统筹考虑义务教育学校布局，在安排重大项目和资金投入时优先支持义务教育学校建设。财政部门和教育部门要积极建立和完善城乡统一、重在农村的义务教育经费保障机制。公安部门要加强居住证管理，建立随迁子女登记制度，及时向同级教育行政部门通报有关信息。民政部门要将符合条件的特殊困难流动留守儿童和家庭经济困难儿童纳入社会救助政策保障范围，落实兜底保障职责。机构编制部门和人力资源社会保障部门要为推动实现统筹分配城乡学校教职工编制和岗位提供政策支持。人力资源社会保障部门要加强监督检查，依法督促落实职工带薪年休假制度，支持外出务工父母定期回乡看望留守儿童。国土部门要依法切实保障学校建设用地。城乡规划主管部门制定控制性详细规划涉及中小学用地的，应当征求同级教育行政部门意见。未按照规划配套建设学校的，不得发放建设工程规划核实合格书，不得办理竣工验收备案。

（四）加强督导检查。地方各级政府要加强对本地区落实有关义务教育工作情况的专项检查，定期向同级人民代表大会或其常务委员会报告义务教育工作情况。各级教育督导部门要开展县域内城乡义务教育一体化改革发展主要措施落实和工作目标完成情况的专项督导检查，完善督导检查结果公告制度和限期整改制度，强化督导结果运用。对因工作落实不到位，造成不良社会影响的部门和有关责任人，要严肃问责。

（五）营造良好氛围。各地要加大对国家新型城镇化规划、脱贫攻坚、户籍制度改革、居住证制度、县域内城乡义务教育一体化改革发展工作等的综合宣传和政策解读力度，进一步凝聚人心，统一认识，在全社会营造关心支持义务教育工作的良好氛围。要依法推进学校信息公开，有效发挥社会监督和舆论监督的积极作用。各地要认真总结成功做法和典型经验，并通过多种形式进行深入宣传和推广，使义务教育改革发展更好地服务于新型城镇化建设和全面建成小康社会奋斗目标。

国务院

2016 年 7 月 2 日

扫除文盲工作条例

中华人民共和国国务院令

第 122 号

现发布《国务院关于修改〈扫除文盲工作条例〉的决定》，自发布之日起施行。

总理　李鹏

一九九三年八月一日

（1988 年 2 月 5 日国务院发布；根据 1993 年 8 月 1 日中华人民共和国国务院令第 122 号修正）

第一条　为了提高中华民族的文化素质，促进社会主义物质文明和精神文明建设，根据《中华人民共和国宪法》的有关规定，制定本条例。

第二条　凡年满十五周岁以上的文盲、半文盲公民，除丧失学习能力的以外，不分性别、民族、种族，均有接受扫除文盲教育的权利和义务。

对丧失学习能力者的鉴定，由县级人民政府教育行政部门组织进行。

第三条　地方各级人民政府应当加强对扫除文盲工作的领导，制订本地区的规划和措施，组织有关方面分工协作，具体实施，并按规划的要求完成扫除文盲任务。地方各级教育行政部门应当加强对扫除文盲工作的具体管理。

城乡基层单位的扫除文盲工作，在当地人民政府的领导下，由单位行政领导负责。

村民委员会、居民委员会应当积极协助组织扫除文盲工作。

第四条 扫除文盲与普及初等义务教育应当统筹规划，同步实施。已经实现基本普及初等义务教育，尚未完成扫除文盲任务的地方，应在五年以内实现基本扫除文盲的目标。

第五条 扫除文盲教育应当讲求实效，把学习文化同学习科学技术知识结合起来，在农村把学习文化同学习农业科学技术知识结合起来。

扫除文盲教育的形式应当因地制宜，灵活多样。

扫除文盲教育的教材，由省、自治区、直辖市教育行政部门审定。

第六条 扫除文盲教学应当使用全国通用的普通话。在少数民族地区可以使用本民族语言文字教学，也可以使用当地各民族通用的语言文字教学。

第七条 个人脱盲的标准是：农民识一千五百个汉字，企业和事业单位职工、城镇居民识二千个汉字；能够看懂浅显通俗的报刊、文章，能够记简单的帐目，能够书写简单的应用文。

用当地民族语言文字扫盲的地方，脱盲标准由省、自治区人民政府根据前款规定制定。

基本扫除文盲单位的标准是：其下属的每个单位一九四九年十月一日以后出生的年满十五周岁以上人口中的非文盲人数，除丧失学习能力的以外，在农村达到95%以上，在城镇达到98%以上；复盲率低于5%。

基本扫除文盲的单位应当普及初等义务教育。

第八条 扫除文盲实行验收制度。扫除文盲的学员由所在乡（镇）人民政府、城市街道办事处或同级企业、事业单位组织考核，对达到脱盲标准的，发给"脱盲证书"。

基本扫除文盲的市、县（区），由省、自治区、直辖市人民政府验收；乡（镇）、城市的街道，由上一级人民政府验收；企业、事业单位，由所在地人民政府验收。对符合标准的，发给"基本扫除文盲单位证书"。

第九条　地方各级人民政府应当制定措施，督促基本扫除文盲的单位制订规划，继续扫除剩余文盲。在农村，应当积极办好乡（镇）、村文化技术学校，采取农科教相结合等多种形式巩固扫盲成果。

第十条　扫除文盲教师由乡（镇）、街道、村和企业、事业单位聘用，并给予相应报酬。

当地普通学校、文化馆（站）等有关方面均应积极承担扫除文盲的教学工作。

鼓励社会上一切有扫除文盲教育能力的人员参与扫除文盲教学活动。

第十一条　地方各级人民政府应当在教育事业编制中，充实县、乡（镇）成人教育专职工作人员，加强对农村扫除文盲工作的管理。

第十二条　扫除文盲教育所需经费采取多渠道办法解决。除下列各项外，由地方各级人民政府给予必要的补助：

（一）由乡（镇）人民政府、街道办事处组织村民委员会或有关单位自筹；

（二）企业、事业单位的扫除文盲经费，在职工教育经费中列支；

（三）农村征收的教育事业费附加，应当安排一部分用于农村扫除文盲教育。

各级教育行政部门在扫除文盲工作中，培训专职工作人员和教师，编写教材和读物，开展教研活动，以及交流经验和奖励先进等所需费用，在教育事业费中列支。

鼓励社会力量和个人自愿资助扫除文盲教育。

第十三条　扫除文盲工作实行行政领导责任制。扫盲任务应当列为县、乡（镇）、城市街道和企业、事业单位行政负责人的职责，作为考核工作成绩的一项重要内容。

对未按规划完成扫除文盲任务的单位，由地方各级人民政府处理。

地方各级人民政府应定期向上一级人民政府报告扫除文盲工作的情况，接受检查、监督。

第十四条 国家教育委员会定期对在扫除文盲工作中做出突出贡献的单位或个人颁发"扫盲奖"。地方各级人民政府也应当对在扫除文盲工作中成绩显著的单位或个人予以表彰、奖励。

对在规定期限内具备学习条件而不参加扫除文盲学习的适龄文盲、半文盲公民，当地人民政府应当进行批评教育，并采取切实有效的措施组织入学，使其达到脱盲标准。

第十五条 省、自治区、直辖市人民政府可以根据本条例，结合本地实际情况，制定实施办法。

第十六条 本条例由国家教育委员会负责解释。

第十七条 本条例自发布之日起施行。

国务院关于深入推进义务教育均衡发展的意见

国发〔2012〕48号

各省、自治区、直辖市人民政府，国务院各部委、各直属机构：

为贯彻落实《国家中长期教育改革和发展规划纲要（2010—2020年）》，巩固提高九年义务教育水平，深入推进义务教育均衡发展，现提出如下意见。

一、充分认识义务教育均衡发展的重要意义

1986年公布实施的义务教育法提出我国实行九年义务教育制度，2011年所有省（区、市）通过了国家"普九"验收，我国用25年全面普及了城乡免费义务教育，从根本上解决了适龄儿童少年"有学上"问题，为提高全体国民素质奠定了坚实基础。但在区域之间、城乡之间、学校之间办学水平和教育质量还存在明显差距，人民群众不断增长的高质量教育需求与供给不足的矛盾依然突出。深入推进义务教育均衡发展，着力提升农村学校和薄弱学校办学水平，全面提高义务教育质量，努力实现所有适龄儿童少年"上好学"，对于坚持以人为本、促进人的全面发展，解决义务教育深层次矛盾、推动教育事业科学发展，促进教育公平、构建社会主义和谐社会，进一步提升国民素质、建设人力资源强国，具有重大的现实意义和深远的历史意义。各级政府要充分认识推进义务教育均衡发展的重要性、长期性和艰巨性，增强责任感、使命感和紧迫感，全面落实责任，切实加大投入，完善政策措施，深入推进义务教育均衡发展，保障适龄儿童少年接受良好义务教育。

二、明确指导思想和基本目标

推进义务教育均衡发展的指导思想是：全面贯彻党的教育方针，全面实施素质教育，遵循教育规律和人才成长规律，积极推进义务教育学校标准化建设，均衡合理配置教师、设备、图书、校舍等资源，努力提高办学水平和教育质量。加强省级政府统筹，强化以县为主管理，建立健全义务教育均衡发展责任制。总体规划，统筹城乡，因地制宜，分类指导，分步实施，切实缩小校际差距，加快缩小城乡差距，努力缩小区域差距，办好每一所学校，促进每一个学生健康成长。

推进义务教育均衡发展的基本目标是：每一所学校符合国家办学标准，办学经费得到保障。教育资源满足学校教育教学需要，开齐国家规定课程。教师配置更加合理，提高教师整体素质。学校班额符合国家规定标准，消除"大班额"现象。率先在县域内实现义务教育基本均衡发展，县域内学校之间差距明显缩小。到2015年，全国义务教育巩固率达到93%，实现基本均衡的县（市、区）比例达到65%；到2020年，全国义务教育巩固率达到95%，实现基本均衡的县（市、区）比例达到95%。

三、推动优质教育资源共享

扩大优质教育资源覆盖面。发挥优质学校的辐射带动作用，鼓励建立学校联盟，探索集团化办学，提倡对口帮扶，实施学区化管理，整体提升学校办学水平。推动办学水平较高学校和优秀教师通过共同研讨备课、研修培训、学术交流、开设公共课等方式，共同实现教师专业发展和教学质量提升。大力推进教育信息化，加强学校宽带网络建设，到2015年在有条件的地方解决学校宽带接入问题，逐步为农村学校每个班级配备多媒体教学设备。开发丰富优质数字化课程教学资源，重点开发师资短缺课程资源、民族双语教学资源。帮助更多的师生拥有实名的网络空间环境，方便其开展自主学习和教学互动。要调动各方面积极性，在努力办好公办教育的同时，鼓励发展民办教育。

提高社会教育资源利用水平。博物馆、科技馆、文化馆、图书馆、展览馆、青少年校外活动场所、综合实践基地等机构要积极开展面向中小学生的公益性教育活动。公共事业管理部门和行业组织要努力创造条件，将适合开展中小学生实践教育的资源开发为社会实践基地。教育部门要统筹安排学校教育教学、社会实践和校外活动。学校要积极利用社会教育资源开展实践教育，探索学校教育与校外活动有机衔接的有效方式。

四、均衡配置办学资源

进一步深化义务教育经费保障机制改革。统筹考虑城乡经济社会发展状况和人民群众的教育需求，以促进公平和提高质量为导向，加大投入力度，完善保障内容，提高保障水平。中央财政加大对中西部地区的义务教育投入。省级政府要加强统筹，加大对农村地区、贫困地区以及薄弱环节和重点领域的支持力度。各省（区、市）可结合本地区实际情况，适当拓展基本公共教育服务范围和提高服务标准。

推进义务教育学校标准化建设。省级政府要依据国家普通中小学校建设标准和本省（区、市）标准，为农村中小学配齐图书、教学实验仪器设备、音体美等器材，着力改善农村义务教育学校学生宿舍、食堂等生活设施，妥善解决农村寄宿制学校管理服务人员配置问题。继续实施农村义务教育薄弱学校改造计划和中西部农村初中校舍改造工程，积极推进节约型校园建设。要采取学校扩建改造和学生合理分流等措施，解决县镇"大校额"、"大班额"问题。

五、合理配置教师资源

改善教师资源的初次配置，采取各种有效措施，吸引优秀高校毕业生和志愿者到农村学校或薄弱学校任教。对长期在农村基层和艰苦边远地区工作的教师，在工资、职称等方面实行倾斜政策，在核准岗位结构比例时高级教师岗位向农村学校和薄弱学校倾斜。完善医疗、养老等社会保障制度建设，切实维护农村教师社会保障权益。

各地逐步实行城乡统一的中小学编制标准，并对村小学和教学点予以倾斜。合理配置各学科教师，配齐体育、音乐、美术等课程教师。重点为民族地区、边疆地区、贫困地区和革命老区培养和补充紧缺教师。实行教师资格证有效期制度，加强教师培训，提高培训效果，提升教师师德修养和业务能力。

实行县域内公办学校校长、教师交流制度。各地要逐步实行县级教育部门统一聘任校长，推行校长聘期制。建立和完善鼓励城镇学校校长、教师到农村学校或城市薄弱学校任职任教机制，完善促进县域内校长、教师交流的政策措施，建设农村艰苦边远地区教师周转宿舍，城镇学校教师评聘高级职称原则上要有一年以上在农村学校任教经历。

六、保障特殊群体平等接受义务教育

保障进城务工人员随迁子女平等接受义务教育。要坚持以流入地为主、以公办学校为主的"两为主"政策，将常住人口纳入区域教育发展规划，推行按照进城务工人员随迁子女在校人数拨付教育经费，适度扩大公办学校资源，尽力满足进城务工人员随迁子女在公办学校平等接受义务教育。在公办学校不能满足需要的情况下，可采取政府购买服务等方式保障进城务工人员随迁子女在依法举办的民办学校接受义务教育。

建立健全农村留守义务教育学生关爱服务体系。把关爱留守学生工作纳入社会管理创新体系之中，构建学校、家庭和社会各界广泛参与的关爱网络，创新关爱模式。统筹协调留守学生教育管理工作，实行留守学生的普查登记制度和社会结对帮扶制度。加强对留守学生心理健康教育，建立留守学生安全保护预警与应急机制。优先满足留守学生进入寄宿制学校的需求。

重视发展义务教育阶段特殊教育。各级政府要根据特殊教育学校学生实际制定学生人均公用经费标准，加大对特殊教育的投入力度，采取措施落实特殊教育教师待遇，努力办好每一所特殊教育学校。在普通学校开办特殊教育班或提供随班就读条件，接收具有接受普通教育能力的残疾儿童少年学习。保障儿童福利机构适龄残疾孤儿接受义务教育，鼓励和扶持儿童福利机构根据需要设立特殊教育班或特殊教育学校。

关心扶助需要特别照顾的学生。加大省级统筹力度，落实好城市低保家庭和农村家庭经济困难的寄宿学生生活费补助政策。实施好农村义务教育学生营养改善计划。做好对孤儿的教育工作，建立政府主导，民政、教育、公安、妇联、共青团等多部门参与的工作机制，保证城乡适龄孤儿进入寄宿生活设施完善的学校就读。加强流浪儿童救助保护，保障适龄流浪儿童重返校园。办好专门学校，教育和矫治有严重不良行为的少年。

根据国家有关规定经批准招收适龄儿童少年进行文艺、体育等专业训练的社会组织，要保障招收的适龄儿童少年接受义务教育。

七、全面提高义务教育质量

树立科学的教育质量观，以素质教育为导向，促进学生德智体美全面发展和生动活泼主动发展，培养学生的社会责任感、创新精神和实践能力。鼓励学校开展教育教学改革实验，努力办出特色、办出水平，为每位学生提供适合的教育。建立教育教学质量和学生学业质量评价体系，科学评价学校教育教学质量和办学水平，引导学校按照教育规律和人才成长规律实施教育，引导社会按照正确的教育观念评价教育和学校。

切实减轻学生过重课业负担。各地不得下达升学指标，不得单纯以升学率对地区和学校排名。建立课程安排公示制度、学生体质健康状况通报制度、家校联动制度，及时纠正加重学生课业负担的行为。学校要认真落实新修订的义务教育课程标准，不得随意提高课程难度，不得挤占体育、音乐、美术、综合实践活动及班会、少先队活动的课时，科学合理安排学生作息时间。要改革教学方式，提高教学效率，激发学生学习兴趣。要引导家长形成正确的教育观念和科学的教育方式。要加强对社会培训补习机构的管理，规范培训补习市场。

八、加强和改进学校管理

完善学生学籍管理办法。省级教育部门要尽快建立与国家基础教育信息化平台对接的电子学籍管理系统和学校管理信息系统，建立以居住地学龄人口为基准的义务教育管理和公共服务机制。县级教育部门要认真做好数据的采集和日常管理工作，为及时掌握学生流动状况提供支持。

规范招生办法。县级教育部门要按照区域内适龄儿童少年数量和学校分布情况，合理划定每所公办学校的招生范围。鼓励各地探索建立区域内小学和初中对口招生制度，让小学毕业生直接升入对口初中。支持初中与高中分设办学，推进九年一贯制学校建设。严禁在义务教育阶段设立重点校和重点班。提高优质高中招生名额分配到区域内各初中的比例。把区域内学生就近入学比率和招收择校生的比率纳入考核教育部门和学校的指标体系，切实缓解"择校热"。

规范财务管理。县级教育和财政部门要采取切实措施加强义务教育经费监督，确保经费使用安全、合规、高效。要加强对义务教育学校财务管理工作的指导，督促学校建立健全财务管理制度，规范预算编制，严格预算执行，做好财务决算，强化会计核算，加强资产管理，提高资金使用效益。

规范收费行为。各地要强化学校代收费行为监管，规范学校或教育部门接受社会组织、个人捐赠行为，禁止收取与入学升学挂钩的任何费用。禁止学校单独或与社会培训机构联合或委托举办以选拔生源为目的的各类培训班，严厉查处公办学校以任何名义和方式通过办班、竞赛、考试进行招生并收费的行为。制止公办学校以民办名义招生并收费，凡未做到独立法人、独立校园校舍、独立财务管理和独立教育教学并取得民办学校资格的改制学校，一律执行当地同类公办学校收费政策。加强教辅材料编写、出版、使用和价格管理。

九、加强组织领导和督导评估

省级政府要建立推动有力、检查到位、考核严格、奖惩分明、公开问责的义务教育均衡发展推进责任机制。把县域义务教育均衡发展作为考核地方各级政府及其主要负责人的重要内容。教育、发展改革、财政、人力资源社会保障、编制等部门要把义务教育均衡发展摆上重要议事日程，各负其责，密切配合，形成协力推进义务教育均衡发展的工作机制。

加强对义务教育均衡发展的督导评估工作，对县域内义务教育在教师、设备、图书、校舍等资源配置状况和校际在相应方面的差距进行重点评估。对地方政府在入学机会保障、投入保障、教师队伍保障以及缓解热点难点问题等方面进行综合评估。将县域公众满意度作为督导评估的重要内容。省级政府要根据国家制定的县域义务教育均衡发展督导评估办法，结合本地实际，制定本省（区、市）具体实施办法和评估标准。省级政府教育督导机构负责对所辖县级单位基本实现义务教育均衡发展情况进行督导评估，国务院教育督导委员会负责审核认定。

国务院

2012 年 9 月 5 日

关于做好进城务工人员随迁子女接受
义务教育后在当地参加升学考试工作的意见

国务院办公厅转发教育部等部门
关于做好进城务工人员随迁子女接受义务教育后
在当地参加升学考试工作意见的通知
国办发〔2012〕46 号

各省、自治区、直辖市人民政府，国务院各部委、各直属机构：

教育部、发展改革委、公安部、人力资源社会保障部《关于做好进城务工人员随迁子女接受义务教育后在当地参加升学考试工作的意见》已经国务院同意，现转发给你们，请认真贯彻执行。

国务院办公厅
2012 年 8 月 30 日

为贯彻落实中央有关文件精神和《国家中长期教育改革和发展规划纲要（2010—2020 年）》要求，就做好进城务工人员及其他非本地户籍就业人员随迁子女接受义务教育后在当地参加中考和高考（以下称随迁子女升学考试）工作，提出如下意见：

一、充分认识做好随迁子女升学考试工作的重要性

《国务院办公厅转发教育部等部门关于进一步做好进城务工就业农民子女义务教育工作意见的通知》（国办发〔2003〕78 号）印发后，各地认真贯彻落实"以流入地政府为主，以全日制公办中小学为主"政策，进城务工人员随迁子女在当地接受义务教育的问题

得到初步解决，一些地方还探索了随迁子女接受义务教育后在当地参加升学考试的办法。但随着进城务工人员规模不断扩大，随迁子女完成义务教育人数不断增多，随迁子女升学考试问题日益突出。进一步做好随迁子女升学考试工作，是坚持以人为本、保障进城务工人员随迁子女受教育权利、促进教育公平的客观要求，对于保障和改善民生、加强和创新社会管理、维护社会和谐具有重要意义。

二、做好随迁子女升学考试工作的主要原则

坚持有利于保障进城务工人员随迁子女公平受教育权利和升学机会，坚持有利于促进人口合理有序流动，统筹考虑进城务工人员随迁子女升学考试需求和人口流入地教育资源承载能力等现实可能，积极稳妥地推进随迁子女升学考试工作。

三、因地制宜制定随迁子女升学考试具体政策

各省、自治区、直辖市人民政府要根据城市功能定位、产业结构布局和城市资源承载能力，根据进城务工人员在当地的合法稳定职业、合法稳定住所（含租赁）和按照国家规定参加社会保险年限，以及随迁子女在当地连续就学年限等情况，确定随迁子女在当地参加升学考试的具体条件，制定具体办法。各省、自治区、直辖市有关随迁子女升学考试的方案原则上应于 2012 年年底前出台。北京、上海等人口流入集中的地区要进一步摸清底数，掌握非本地户籍人口变动和随迁子女就学等情况，抓紧建立健全进城务工人员管理制度，制定出台有关随迁子女升学考试的方案。

四、统筹做好随迁子女和流入地学生升学考试工作

对符合在当地参加升学考试条件的随迁子女净流入数量较大的省份，教育部、发展改革委采取适当增加高校招生计划等措施，保障当地高考录取比例不因符合条件的随迁子女参加当地高考而受到影响。对不符合在流入地参加升学考试条件的随迁子女，流出地和流入地要积极配合，做好政策衔接，保障考生能够回流出地参加升学考试；经流出地和流入地协商，有条件的流入地可提供借考服

务。各地要加强对考生报考资格的审查，严格规范、公开透明地执行随迁子女升学考试政策，防止"高考移民"。

五、加强组织领导和协调配合

各地区、各有关部门要加强对随迁子女升学考试工作的组织领导，明确责任分工，密切协作配合，形成齐抓共管的工作格局。各地招生考试委员会要统筹做好随迁子女升学考试工作，教育部门会同有关部门依据随迁子女升学考试人数合理调配资源，做好招生计划编制、考生报名组织、考试实施以及招生录取等工作。发展改革部门要将进城务工人员随迁子女教育纳入当地经济社会发展规划。公安部门要加强对流动人口的服务管理，及时提供进城务工人员及其随迁子女的居住等相关信息。人力资源社会保障部门要及时提供进城务工人员的就业和社保信息。各地区、各有关部门要及时研究解决工作中出现的新情况新问题，认真总结和推广成功经验。要采取多种形式加强对随迁子女升学考试政策的宣传解读，做好舆论引导工作，营造良好氛围。

教育部等5部门关于加强义务教育阶段
农村留守儿童关爱和教育工作的意见

教基一〔2013〕1号

各省、自治区、直辖市教育厅（教委）、妇联、综治办、团委、关工委，新疆生产建设兵团教育局、妇联、综治办、团委、关工委：

为贯彻落实党的十八大精神和《国家中长期教育改革和发展规划纲要（2010—2020年）》、《国务院关于深入推进义务教育均衡发展的意见》、《中国儿童发展纲要（2010—2020年）》，进一步加强义务教育阶段农村留守儿童（以下简称留守儿童）工作，促进广大留守儿童平安健康成长、不断增强其生活幸福感，提出如下意见。

一、高度重视留守儿童工作

近年来，随着我国工业化、城镇化深入发展，进城务工人员不断增多，一些夫妻同时外出务工，把孩子留在家乡，出现了大量留守儿童。党中央、国务院十分关心留守儿童，要求从民族未来、经济发展、社会和谐的高度认真做好留守儿童工作。各地教育部门大力发展农村教育事业，改善农村寄宿制学校办学条件，充分发挥了学校在留守儿童工作中的重要作用。妇联组织发挥自身优势，积极推动出台相关措施，加强关爱服务载体建设，强化家庭教育指导，优化了留守儿童的成长氛围。综治组织创新社会管理，统筹各方力量，为留守儿童创造了成长的良好社会环境。共青团组织实施并长期坚持开展志愿服务行动，促进了留守儿童的品行培养。关工委组织悉心关爱留守儿童成长，注重结对帮扶，为促进留守儿童身心健康做出了贡献。社会各界共同协作，奉献爱心，初步形成了关爱留守儿童的良好社会氛围。但是，由于留守儿童数量多，分布在广大农村，有的与父母长期分离，在亲情关怀、生活照顾、家庭教育和安全保护等方面还面临一些突出问题，必须切实加以解决，进一步做好留守儿童教育和关爱工作。

加强留守儿童工作，是贯彻落实科学发展观的生动体现，是推进城乡协调发展、加强和创新社会管理、构建社会主义和谐社会的重要措施，是解决进城务工人员后顾之忧的有效手段。加强留守儿童工作，给予广大留守儿童多方面的关爱服务，弥补亲情缺失，使其具有阳光心态和健康体魄，促进德智体美全面发展，具有重大现实意义和深远历史意义。各级综治组织、教育部门、妇联组织、共青团组织和关工委组织要进一步增强责任感和紧迫感，在党委、政府的领导下，发挥各自职能、协调相关部门、动员全社会切实把留守儿童工作抓实抓好。

二、明确留守儿童工作的基本原则

政府主导、统筹规划。强化政府主导，把留守儿童工作纳入地方经济社会发展总体规划和社会管理创新体系之中，根据地域环境特征、经济社会状况、留守儿童分布及工作进展情况，统筹规划、分类指导，积极开展探索实践，形成有效的留守儿童关爱服务模式。

家校联动、形成合力。充分发挥学校和家庭在关爱留守儿童成长中的重要作用，共同关注留守儿童在校学习期间和家庭生活中的各方面需求，及时相互沟通，对单亲家庭、特殊困难家庭留守儿童给予更多关爱，形成学校与家庭亲情接力、密切配合、有机联动、合力推进的良好局面。

社会参与、共同关爱。鼓励、动员和组织社会各部门、各界人士参与关爱留守儿童工作，营造全社会共同关爱留守儿童的良好氛围。开展多种形式的关爱活动，建立全社会立体式关爱服务网络，逐步形成长效机制，促进留守儿童健康成长。

三、切实改善留守儿童教育条件

优先满足留守儿童教育基础设施建设。留守儿童集中的地区，要通过科学规划建设农村寄宿制学校，优先满足留守儿童寄宿需求。努力实施好农村义务教育薄弱学校改造计划和初中校舍改造工程，使农村寄宿制学校的教室、宿舍、食堂、厕所、浴室等办学条件得到明显改善，有安全卫生的饮用水，确保每名寄宿生有一个标准床位。提高义务教育阶段农村寄宿制学校公用经费，加快建立农村寄宿制学校经费保障机制。为寄宿制学校配备必要的生活教师。不断健全各项管理制度，提高基础设施的利用水平。

优先改善留守儿童营养状况。集中连片特殊困难地区及其他留守儿童集中地区，在国家组织实施的农村义务教育学生营养改善计划和地方组织实施的营养改善项目中，要建立留守儿童用餐登记台账和营养状况档案，优先保障留守儿童用餐需求，合理安排膳食结构，切实改善留守儿童营养状况。还未实施营养改善计划的地区，要积极创造条件，优先解决好留守儿童在校吃饭问题。

优先保障留守儿童交通需求。留守儿童集中的地区，要充分考虑留守儿童数量和分布状况等因素，合理设置学校或教学点，优先保障留守儿童能够就近走读入学，减少上下学交通风险。对于确实难以保障就近入学的地区，要合理规划公共交通，为留守儿童上下学提供交通条件。对于公共交通难以满足的地区，要创造条件提供校车服务，加强安全管理，保障留守儿童优先乘坐。

四、不断提高留守儿童教育水平

加强留守儿童受教育全程管理。地方教育行政部门和学校在新学期学生报到时，要认真做好留守儿童入学管理工作，全面了解留守儿童学籍变动情况，将保障留守儿童按时入学作为控辍保学工作的重要内容。全面建立留守儿童档案，将父母外出务工情况和监护人变化情况逐一进行登记并及时更新，准确掌握留守儿童信息，为有针对性地开展管理服务工作提供支持。将留守儿童关爱和教育纳入教师培训内容，重点提高班主任照料留守儿童的能力。注重发挥少先队和共青团组织作用，将关爱留守儿童成长纳入各项活动。

加强留守儿童心理健康教育。学校要重视留守儿童心理健康教育，将其作为重要内容纳入教育教学计划。在举办体育、艺术、社会实践等活动时，要引导留守儿童积极参与，缓解其孤独情绪，营造关爱留守儿童的校园氛围。班主任和心理教师要密切关注留守儿童思想动向，主动回应留守儿童心理诉求，不断加强师生情感沟通交流，努力弥补留守儿童家庭温暖的缺失。对学习困难的留守儿童进行有针对性地辅导，激发其学习兴趣，不断提高自主学习能力。在学校工作的各个环节中，要注意方式方法，避免将留守儿童标签化。

加强留守儿童法制安全教育。学校要加强安全教育，组织安全演练，提高防范意识，增强留守儿童自救自护、应急避险能力，预防溺水、煤气中毒、食物中毒等意外事故对留守儿童的伤害。推进保护留守儿童的法制建设。进一步完善和深入贯彻未成年人保护法。开展法制宣传，普及法律知识，增强法制意识，及早发现和纠正个别留守儿童的不良行为，预防留守儿童违法犯罪现象发生。预防和打击侵害留守儿童人身财产权利的违法犯罪行为，保护留守儿童合法权益。加强人防、物防、技防，切实维护学校周边秩序，保障学生人身安全。

加强家校联动组织工作。留守儿童集中的学校和班级组建家长委员会时，要遴选热心留守儿童工作的家长或监护人参加。家长委员会要引导外出务工家长以各种方式关心留守儿童，协助学校加强留守儿童教育，支持、推动学校对学习和生活困难的留守儿童进行特殊帮扶，努力化解留守儿童成长中遇到的困难和烦恼。要发挥家长学校的作用，加强对留守儿童家长、监护人的家庭教育指导服务，增强其做好家庭教育的意识和能力。会同有关部门通过建立家庭责任监督制度、减少父母同时长期务工、督促父母定期回家探望等形式，强化留守儿童父母监护责任，逐步从根本上缓解留守儿童家庭环境缺失问题。

五、逐步构建社会关爱服务机制

支持做好留守儿童家庭教育工作。各级妇联组织、关工委组织要充分发挥在家庭教育指导服务工作中的独特优势，协调有关方面大力宣传家庭教育在留守儿童成长中的重要作用，促进家庭教育、学校教育和社会教育的有机衔接。综治组织、教育部门、共青团组织要协调配合妇联组织和关工委组织面向不同年龄阶段家长、不同类型家庭，围绕留守儿童健康状况监测、生活习惯养成、学习兴趣培养等方面开展富有特色的家庭教育指导服务活动。

支持做好留守儿童社区关爱服务。在留守儿童集中的社区和村组，要充分发挥妇女儿童之家、文化活动站、青少年校外活动中心、乡村少年宫、"七彩小屋"等在关爱留守儿童工作中的重要作用，完善管理制度，促进其规范运行。通过设立留守儿童之家、托管中心等形式，聘请社会工作者和社会公益人士参与，开展经常性的活动。倡导邻里互助，认真选择有意愿、负责任的家庭，采取全托管或半托管的形式照料留守儿童。避免出现个别留守儿童生病无人过问和照看的情况。建立16周岁以下学龄留守儿童登记制度，以保证将其纳入教育等基本公共服务体系。

支持做好留守儿童社会关爱活动。鼓励创新工作方式和手段，利用现代信息技术设备和网络通讯手段开展活动，方便外出务工家长和留守儿童的联系。推广"代理家长"模式，广泛动员社会力量，开展行之有效的关爱活动。有条件的地方，要利用寒暑假组织开展冬令营、夏令营等活动，创造机会让留守儿童与父母团聚。教育部门要协助中国下一代教育基金会实施好留守儿童教育帮扶公益项目。妇联组织、共青团组织要主动承担关爱留守儿童的政府公共服务项目，发挥所属基金会的作用。加大妇联组织做好留守儿童关爱服务体系试点工作的力度，探索符合当地实际的留守儿童关爱服务新机制、新模式和新途径。加大共青团关爱农民工子女志愿服务行动实施力度，深化结对机制，加强骨干志愿者队伍建设，加强阵地建设，推进工作常态化，动员更多青年以志愿服务方式关爱留守儿童。

教育部门、妇联组织、综治组织、共青团组织和关工委组织要在党委、政府领导下，进一步明确各部门责任，建立健全工作推进机制，定期开展专项督查，推广典型经验，整改突出问题，不断提升留守儿童关爱服务水平。

教育部　中华全国妇女联合会

中央社会管理综合治理委员会办公室

共青团中央　中国关心下一代工作委员会

2013 年 1 月 4 日

农村义务教育薄弱学校改造
补助资金管理办法

关于印发《农村义务教育薄弱学校改造
补助资金管理办法》的通知
财教〔2015〕3 号

各省、自治区、直辖市财政厅（局）、教育厅（教委）、
新疆生产建设兵团财务局、教育局：

为规范和加强农村义务教育薄弱学校改造补助资金管
理，提高资金使用效益，支持做好全面改善贫困地区义务
教育薄弱学校基本办学条件工作，根据国家有关规定，财
政部、教育部制定了《农村义务教育薄弱学校改造补助资
金管理办法》，现予印发，请遵照执行。

财政部　教育部
2015 年 1 月 23 日

第一章　总　则

第一条　为规范和加强农村义务教育薄弱学校改造补助资金

（以下简称薄改补助资金）管理，提高资金使用效益，支持全面改善贫困地区义务教育薄弱学校基本办学条件工作，根据国家有关规定，制定本办法。

第二条　薄改补助资金是由中央财政设立、通过一般公共财政预算安排、用于改善贫困地区义务教育薄弱学校基本办学条件的资金。

第三条　薄改补助资金由财政部和教育部共同管理。财政部负责专项资金中期财政规划和年度预算编制，会同教育部分配及下达资金，对资金使用情况进行监督和绩效评价；教育部负责薄弱学校改造计划规划编制，指导和推动薄弱学校改造计划的实施工作，运用信息化等手段加强项目管理，会同财政部做好资金使用情况监督和绩效评价工作。

第四条　薄改补助资金使用管理遵循"总量控制、突出重点，奖补结合、省级统筹，公平公正、规范透明"的原则。

第五条　地方各级财政要结合自身财力，增加对改善贫困地区义务教育薄弱学校基本办学条件的经费投入。

第二章　资金使用范围

第六条　薄改补助资金支持范围以中西部省份（含新疆生产建设兵团）贫困地区薄弱学校为主，适当兼顾部分东部省份的贫困地区薄弱学校。

本办法的贫困地区是指集中连片特困地区县、国家扶贫开发工作重点县、贫困的民族县和边境县，以及其他贫困县。其他贫困县由省级教育和财政部门在对义务教育阶段学校全面摸底排查基础上，根据基本办学条件的差距，认为确实应当纳入薄改补助资金支持范围的县（市）。省会城市所辖区不列入本办法所指的贫困地区，市（州、盟）所辖区原则上不列入本办法所指的贫困地区。

本办法的薄弱学校是指教学、生活设施条件等不能满足基本需求的农村义务教育阶段学校（含县城义务教育阶段学校）。

第七条 薄改补助资金支持的薄弱学校必须是已列入当地学校布局规划、拟长期保留的农村义务教育阶段公办学校。

非义务教育阶段公办学校、小学附设的学前班或者幼儿园、完全中学和十二年一贯制学校的高中部、民办学校、地市及以上城市义务教育阶段学校以及因打造"重点校"而形成的超大规模学校不纳入支持范围。

第八条 薄改补助资金用于"校舍及设施建设类"和"设备及图书购置类"两类项目。

（一）"校舍及设施建设类"项目主要包括：

1. 新建、改建和修缮必要的教室、实验室、图书室，以及农村小学必要的运动场等教学设施；

2. 新建、改建和修缮农村小学必要的学生宿舍、食堂（伙房）、开水房、厕所、澡堂等生活设施，以及必要的校园安全等附属设施；

3. 现有县镇"大班额"义务教育学校（小学班额超过56人、初中班额超过66人的义务教育学校）必要的扩容改造；

4. 在宽带网络接入学校的条件下建设校园内信息化网络基础设施。

（二）"设备及图书购置类"项目主要包括：

1. 购置必要的教学实验仪器设备、音体美器材等教学仪器设备；

2. 为宿舍、食堂（伙房）、水房等公共生活设施配置必要的家具、设备，以及必要的校园安保设备等；

3. 购置适合中小学生阅读的图书；

4. 购置计算机、投影仪等必要的多媒体教学设备和信息化网络设备等。

第九条　以下内容不得列入薄改补助资金使用范围：

（一）独立建筑的办公楼、礼堂、体育馆、塑胶跑道、游泳馆（池）、教师周转宿舍等；

（二）一次性投入低于5万元的校舍维修和零星设备购置项目；

（三）教育行政部门机关及直属非教学机构的建设和设备购置等；

（四）其他超越基本办学条件范畴的事项。

第十条　薄改补助资金严禁用于偿还债务；严禁用于平衡预算、发放人员津补贴以及冲抵地方应承担的校舍维修改造长效机制、公用经费等支出。

第三章　资金分配与拨付

第十一条　薄改补助资金按一定比例在中西部和东部地区间分别确定资金规模后按因素法分配到各省份，由各省级财政和教育部门统筹安排，合理使用。

第十二条　薄改补助资金分配因素包括基础因素、投入因素、绩效因素和管理因素四类。其中：

基础因素，下设贫困人口数及贫困发生率、人均可用财力、义务教育学生数及基本办学条件经费理论缺口数等子因素。各子因素数据通过相关统计资料获得。

投入因素，下设生均财政义务教育支出水平及增长率、上一年度省级财政安排用于改善薄弱学校办学条件方面的专项资金等子因素。各子因素数据通过相关统计资料和各省份资金申报材料获得。

绩效因素，由教育部会同财政部依据各省份制定的全面改善薄弱学校基本办学条件实施方案年度任务完成情况及相关标准，组织考核获得计量数据。

管理因素，主要包括全面改善薄弱学校基本办学条件实施方案和薄弱学校改造计划的规划编制质量、各类数据录入审核等业务工作管理，以及资金监督管理等情况。由教育部会同财政部组织考核获得计量数据。

第十三条 财政部和教育部每年9月底前提前通知各省份下一年度部分薄改补助资金预算指标；每年在全国人民代表大会审查批准中央预算后90日内，正式下达全年薄改补助资金预算。

第十四条 省级财政和教育部门接到中央薄改补助资金预算（含提前通知预算指标）后，应当在30日内按预算隶属关系及时分解下达，并提出明确的资金管理和使用要求。有条件的，可以与项目一同下达。

第十五条 县级财政和教育部门应当在收到上级专项资金预算文件后的30日内，按照薄弱学校改造计划项目规划，将资金科学合理地分配到学校，落实到项目。

第十六条 县级财政和教育部门应当按照资金下达的项目计划组织项目实施，并及时将资金分配结果、项目执行情况录入全国薄弱学校改造计划管理信息系统，加强项目信息化管理。

第十七条 县级教育和财政部门在分配薄改补助资金时，要坚持"实用、够用、安全、节俭"的原则，把满足基本需要放在首位，优先建设、购置教学和学生生活最急需的基本设备和设施。要注重投入效益，做到改一所，成一所，防止项目过于分散。

严禁超标准建设和豪华建设。严禁将资金向少数优质学校集中，拉大教育差距。严禁举债改善义务教育薄弱学校基本办学条件。

第十八条 省级财政和教育部门应当根据省域内薄弱学校基本办学条件改善任务和完成时限等因素，合理分配中央、地方财政资金，做到规范分配、合理使用，确保资金分配公平公正，切实防范廉政风险。

第十九条 分配薄改补助资金时，应当与农村义务教育经费保障机制的校舍维修改造长效机制、中西部农村初中校舍改造工程和地方实施的其他义务教育项目资金相互衔接，统筹安排，避免重复支持。

第四章　资金申报

第二十条　省级财政和教育部门应当在每年 3 月 15 日前，向财政部和教育部提出当年薄改补助资金申报材料。

第二十一条　省级财政和教育部门报送的申报材料包括：

（一）上年度薄改补助资金安排使用情况工作总结，主要内容包括上年度全面改善薄弱学校基本办学条件工作落实情况及绩效目标完成情况、薄改补助资金安排使用情况、地方财政投入情况、主要管理措施、问题分析及对策。

（二）当年工作计划，主要包括当年工作目标和绩效目标、重点任务和资金安排计划，绩效目标要明确、具体、可考核。

（三）上年度省级财政安排改善薄弱学校办学条件方面的专项资金统计表及相应预算文件。

（四）年度工作任务完成情况表，即对照《教育部办公厅 国家发展改革委办公厅 财政部办公厅关于制定全面改善贫困地区义务教育薄弱学校基本办学条件实施方案的通知》（教基一厅〔2014〕26号）附件所列各项年度绩效目标和工作任务，分别列示完成情况。

第二十二条　薄改补助资金申报材料作为开展绩效评价和资金分配的依据之一。逾期不提交申报材料的，在分配当年资金时，"绩效"和"管理"两个因素作零分处理。

第五章　资金管理与绩效评价

第二十三条　薄改补助资金要严格执行国库集中支付制度，确保专款专用。

第二十四条 教育部和财政部对薄改补助资金实施目标管理。省级教育和财政部门要统筹组织、指导协调项目管理工作，督促专项资金落实到项目。省级以下教育和财政部门应当建立薄改补助资金项目库，实行项目管理，确保薄改补助资金使用可检查、可监控和可考核。

第二十五条 除高寒和高海拔地区外，薄改补助资金支持的校舍及设施建设类项目原则上应当在资金下达到省后两年内完成。

项目完成后要及时办理验收和结算手续，同时办理固定资产入账手续。未经验收或验收不合格的建设项目和设施设备不得交付使用。

第二十六条 项目预算下达后，因不可抗力等客观原因导致项目无法实施时，按照"谁审批谁负责"的原则，履行项目变更和预算调整审批手续。

第二十七条 项目实施完成后，若有结余资金，由县级财政和教育部门统一管理和使用；项目资金不足的，由县级财政和教育部门统筹安排弥补。

第二十八条 财政部和教育部根据各省份薄弱学校改造计划工作进展情况，适时组织开展绩效评价或再评价。各省份制定的薄弱学校改造计划实施目标和计划将作为财政部和教育部对各省份进行绩效评价的主要依据，绩效评价结果作为财政部和教育部分配各省份资金的依据。

绩效评价工作方案另行制定。

第二十九条 省级以下财政和教育部门要结合实际开展薄弱学校改造计划资金使用的绩效评价工作，将绩效评价结果作为资金分配的重要依据。

第三十条 实施薄改补助资金支持的项目，应当执行政府采购等法律制度的有关规定，落实有关政策要求，规范采购行为。实施薄改补助资金支持的校舍及设施建设类项目，属于基本建设的，应当履行基本建设程序，严格执行相关建设标准和要求，新建项目要符合抗震设防和综合防灾要求，确保工程质量。

第六章 资金监督检查

第三十一条 明确资金监管职责。地方各级财政和教育部门要明确职责，加强协作。财政部门主要负责专项资金的预算安排、资金拨付、管理和监督；教育部门主要负责基础数据的真实性、准确性和完整性，项目规划的编报和年度项目遴选申报、专项资金使用管理和监督检查。

第三十二条 建立信息公开制度。地方各级财政部门要按照财政预算公开的总体要求做好信息公开工作。地方特别是县级教育部门应当通过当地媒体、部门网站等方式，向社会公示薄弱学校改造计划总体规划、年度资金安排、工作进展等情况。其中，年度资金安排应包括项目学校名单、项目内容和资金额度，在县级教育部门的门户网站公示时间不少于一年。

对薄改补助资金支持的项目，项目学校应当全程公开从立项、实施情况到验收的相关信息。

第三十三条 建立监督检查制度。实行国家重点检查、省市定期巡查、县级经常自查的监督检查机制。

各级财政部门应当将薄改补助资金管理使用情况列入重点监督检查范围，加强专项资金的监督检查。各级教育部门应当对薄改补助资金的使用管理及效果进行定期检查。

各学校应当强化内部监管，自觉接受外部监督，配合审计机关将薄弱学校改造计划资金使用情况纳入每年重点审计内容，进行全过程跟踪审计。

有条件的地方，还可以通过政府购买服务，聘请具备资质的社会中介组织参与监督检查。

第三十四条 对于报送虚假信息、骗取薄改补助资金的，一经查实，中央财政将相应扣减下一年度资金；情节严重的，取消该省份分配薄改补助资金的资格，并在全国范围内予以通报。

第三十五条 建立责任追究制度。专项资金实行"谁使用、谁负责"的责任追究机制。对于滞留、截留、挤占、挪用、虚列、套取专项资金、违规乱收费以及疏于管理，影响目标实现的，按照《财政违法行为处罚处分条例》等有关规定给予严肃处理。

第七章　附　则

第三十六条 地方财政和教育部门可以依据本办法，制定地方薄改补助资金管理和使用的具体办法或者实施细则。

第三十七条 新疆生产建设兵团财务和教育部门依照本办法执行。

第三十八条 本办法自 2015 年 3 月 1 日起施行。

农村义务教育学生营养
改善计划实施细则

教育部等十五部门关于印发《农村义务教育学生营养
改善计划实施细则》等五个配套文件的通知

教财〔2012〕2号

各省、自治区、直辖市教育厅（教委）、党委宣传部、发
展改革委、监察厅（局）、财政厅（局）、农业厅（局）、
卫生厅（局）、审计厅、工商局、质量技术监督局、食品
药品监管局、食品安全办、团委、妇联、供销社，新疆生
产建设兵团教育局、党委宣传部、发展改革委、监察局、
财务局、农业局、卫生局、审计局、工商局、质量技术监
督局、食品药品监管局、食品安全办、团委、妇联、供
销社：

　　根据《国务院办公厅关于实施农村义务教育学生营养
改善计划的意见》（国办发〔2011〕54号），为进一步规
范对农村义务教育学生营养改善计划实施工作的管理，切
实有效地改善农村学生营养健康状况，现将《农村义务教
育学生营养改善计划实施细则》等五个配套文件印发给你
们，请遵照执行。

附件：1. 农村义务教育学生营养改善计划实施细则

2. 农村义务教育学生营养改善计划食品安全保障管理暂行办法

3. 农村义务教育学校食堂管理暂行办法

4. 农村义务教育学生营养改善计划实名制学生信息管理暂行办法

5. 农村义务教育学生营养改善计划信息公开公示暂行办法

中华人民共和国教育部

中国共产党中央委员会宣传部

中华人民共和国国家发展和改革委员会

中华人民共和国监察部

中华人民共和国财政部

中华人民共和国农业部

中华人民共和国卫生部

中华人民共和国审计署

中华人民共和国国家工商行政管理总局

中华人民共和国国家质量监督检验检疫总局

国家食品药品监督管理局

国务院食品安全委员会办公室

中国共产主义青年团中央委员会

中华全国妇女联合会

中华全国供销合作总社

二〇一二年五月二十三日

第一章 总 则

第一条 为贯彻落实《国务院办公厅关于实施农村义务教育学生营养改善计划的意见》（国办发〔2011〕54号），指导各地科学有效地实施农村义务教育学生营养改善计划（以下简称营养改善计划），切实改善农村学生营养状况，提高农村学生健康水平，依照国家有关法律法规和标准规范，特制定本细则。

第二条 本细则适用于实施营养改善计划的试点地区和学校，其他地区和学校可参照实施。

第二章 管理体制和职责分工

第三条 营养改善计划在国务院统一领导下，实行地方为主，分级负责，各部门、各方面协同推进的管理体制，政府起主导作用。

第四条 成立全国农村义务教育学生营养改善计划工作领导小组，统一领导和部署营养改善计划的实施。成员单位由教育部、中宣部、国家发展改革委、公安部、监察部、财政部、农业部、卫生部、审计署、国家工商总局、国家质检总局、国家食品药品监管局、国务院食品安全委员会办公室、共青团中央、全国妇联、全国供销合作总社等部门组成。领导小组办公室设在教育部，简称全国学生营养办，负责营养改善计划实施的日常工作。

第五条 营养改善计划实施主体为地方各级政府。地方各级政府要加强组织领导，主要负责人负总责，分管负责人分工负责。要建立责权一致的工作机制，层层成立领导小组和工作机构，明确工作职责，确保工作落实到位。

（一）省级政府负责统筹组织。统筹制订本地区实施工作方案和推进计划，统筹规划国家试点和地方试点；统筹制定相关管理制度和规范；统筹安排资金，改善就餐条件；统筹监督检查。督促有关食品安全监管部门，组织制订食品安全宣传教育方案，指导开展食品安全宣传教育；组织制订食品安全事故应急预案；统一发布食品安全信息。

（二）市级政府负责协调指导。督促县级政府和有关部门严格履行职责，认真实施营养改善计划，加强工作指导和监督检查。

（三）县级政府是学生营养改善工作的行动主体和责任主体，负责营养改善计划的具体实施。包括制订实施方案和膳食营养指南或食谱，确定供餐模式和供餐内容，建设、改造学校食堂（伙房），制定工作管理制度，加强监督检查，对食品安全和资金安全负总责，主要负责人负直接责任。责成有关食品安全监管部门，组织开展食品安全事故应急预案制定及演练和学校食品安全事故调查。

第六条　各有关部门共同参与营养改善计划的组织实施，各司其职，各负其责。

（一）教育部门要把营养改善计划的实施作为贯彻落实教育规划纲要的重要工作，牵头负责营养改善计划的组织实施。会同有关部门做好实施方案，建立健全管理机制和监督机制。会同财政和审计等部门加强资金监管；会同财政、发展改革等部门加强学校食堂建设，改善学校供餐条件。配合有关部门做好食品安全监管，开展食品安全检查；配合卫生部门开展学生营养健康状况监测评估；配合卫生和食品安全等部门开展营养知识与食品安全宣传教育。

（二）财政部门要充分发挥公共财政职能，制定和完善相关政策，切实加大投入，落实专项资金，加强资金监管，提高经费使用效益。

（三）发展改革部门要加大力度支持农村学校改善供餐条件。加强农副产品价格监测、预警和监督检查，推进降低农副产品流通环节税费工作。

（四）农业部门负责对学校定点采购生产基地的食用农产品生产环节质量安全进行监管。鼓励和推动农产品生产企业、农民专业合作经济组织向农村学校供应安全优质食用农产品。从生产技术上指导和支持学校开展农产品种植、养殖等生产实践活动。

（五）工商部门负责供餐企业主体资格的登记和管理，以及食品流通环节的监督管理。

（六）质检部门负责对食品生产加工企业进行监管，查处食品生产加工中的质量问题及违法行为。

（七）卫生部门负责食品安全风险监测与评估、食品安全事故的病人救治、流行病学调查和卫生学处置；对学生营养改善提出指导意见，制定营养知识宣传教育和营养健康状况监测评估方案；在教育部门配合下，开展营养知识宣传教育和营养健康状况监测评估。

（八）食品药品监管部门负责餐饮服务食品安全监管，会同教育、农业、质检、工商等部门制定不同供餐模式的准入办法，与学校、供餐企业和托餐家庭（个人）签订食品安全责任书，安排专人负责，加强对食品原料采购、贮存、加工、餐用具清洗消毒、设施设备维护等环节的业务指导和监督管理。组织开展餐饮服务食品安全监督检查、食品安全知识培训。协助查处餐饮服务环节食品安全事故。

（九）食品安全议事协调机构的办事机构负责食品安全保障工作的综合协调。

（十）监察部门负责对地方各级政府和有关部门及其工作人员在营养改善计划实施过程中履行职责情况进行监督检查，查处违法违规行为。

（十一）审计部门负责对营养改善计划资金使用的真实性、合法性及其效益进行审计和审计调查，保证资金安全。（十二）宣传部门负责新闻宣传，引导各级各类新闻媒体，全面、客观地反映营养改善计划实施情况，营造良好舆论氛围。

（十三）供销部门要发挥供销合作社网络优势，在食品供销方面要加强产销衔接，减少流通环节，降低流通成本，提高流通效率；推动大型连锁超市以及农民专业合作社、生产基地、专业大户等直接与学校建立采购关系，形成高效、畅通、安全、有序的食品供给体系。

第七条 学校负责具体组织实施，实行校长负责制。重点做好食堂管理，保证校园食品安全，组织和管理学生就餐。开展对学生及家长的营养与食品安全知识宣传教育。建立由学生代表、家长代表、教师代表等组成的膳食委员会，充分发挥其在确定供餐模式、供餐单位、配餐食谱和日常监督管理等方面的作用。

第八条 鼓励共青团、妇联等人民团体，居民委员会、村民委员会等有关基层组织，以及企业、基金会、慈善机构等，在地方政府统筹下，积极参与学生营养改善工作，在营养与食品安全知识宣传、改善就餐条件、创新供餐方式、加强社会监督等方面发挥积极作用。

第九条 地方各级政府和有关部门要高度重视营养改善计划的宣传工作，做好宣传方案，采取多种形式，向全社会准确、深入宣传有关政策，努力营造全社会共同支持、共同监督和共同推进的良好氛围。

第十条 试点县和学校要在营养食谱、原料供应、供餐模式、食品安全、监管体系、营养宣传教育等方面积极探索、及时总结，为稳步推进营养改善计划积累经验，发挥示范和辐射作用。

第十一条 建立工作机制。

（一）实行主要领导负责制。将营养改善计划实施情况纳入地方各级政府工作绩效评价体系，明确地方各级政府主要领导是营养改善计划实施的第一责任人，对本行政区域营养改善计划实施工作负领导责任；分管营养改善计划的负责人是直接责任人，其他负责人对分管的工作负管理责任。

（二）实行目标责任制。地方各级政府、部门、学校和有关企业（个人）之间层层签订目标责任书，并按照目标责任书的要求进行考核评估。根据考评结果，对未能切实履行责任的，限期纠正，必要时暂停拨付相关专项经费；对工作组织得力、任务完成较好的，予以表彰或给予奖励性补助。

（三）建立工作通报制度。全国学生营养办定期编发工作简（通）报，每月通报工作进展情况，宣传好的经验与做法，反映普遍性问题，加强对营养改善计划实施工作的指导和督办。各省、市、县学生营养办定期以工作简报、工作报告等形式逐级反映和上报本地营养改善计划实施情况。

（四）建立信息公开制度。地方各级政府应明确规定信息公开的内容、方式，保证信息公开的公正、公平、便民和及时、准确；采取多种方式，及时将工作方案、实施进展、运行结果向社会公示；督促供餐单位和个人定期公布配餐食谱、数量和价格，严禁克扣和浪费。

第十二条　试点地区以县为单位制定具体实施方案，经省级政府汇总审核后，报教育部、财政部备案。

第三章　供餐内容与模式

第十三条　试点县和学校根据地方特点，按照安全、营养、卫生的标准，因地制宜确定适合当地学生的供餐内容。

（一）供餐形式。以完整的午餐为主，无法提供午餐的学校可以选择加餐或课间餐。

（二）供餐食品。必须符合有关食品安全标准和营养要求，确保食品新鲜安全。供餐食品特别是加餐应以提供肉、蛋、奶、蔬菜、水果等食物为主，不得以保健品、含乳饮料等替代。有条件的学校可适度开展勤工俭学，补充食品原料供应。

（三）供餐食谱。参照有关营养标准，结合学生营养健康状况、当地饮食习惯和食物实际供应情况，科学制定供餐食谱，做到搭配合理、营养均衡。

第十四条 试点县和学校根据不同情况，确定供餐模式，以学校食堂供餐为主，企业（单位）供餐模式为辅。对一些偏远地区暂时不具备食堂供餐和企业（单位）供餐条件的学校和教学点，可实行家庭（个人）托餐。

（一）学校食堂供餐。由学校食堂为学生提供就餐服务。

（二）企业（单位）供餐。向具备资质的餐饮企业、单位集体食堂购买供餐服务。

（三）家庭（个人）托餐。由学校附近家庭或个人，在严格规范准入的前提下，承担学生就餐服务。

试点地区应加快学校食堂（伙房）建设与改造，在一定过渡期内，逐步以学校食堂供餐替代校外供餐。具体过渡期由省级政府统筹确定。

第十五条 营养改善计划实行供餐准入机制。

（一）学校食堂在取得餐饮服务许可证后方可为学生供餐；供餐企业（单位）必须在取得餐饮服务许可证并经相关部门审核后方可为学生供餐；托餐家庭（个人）必须符合准入要求并经相关部门审核后方可供餐。地方政府应为托餐家庭（个人）改善供餐条件提供必要支持。

供餐企业（单位）、托餐家庭（个人）具体准入办法由省级食品药品监管部门会同教育、质检、工商等部门制定。同时应结合实际，定期进行修订。

（二）县级政府组织招标，确定纳入营养改善计划的供餐企业（单位）、托餐家庭（个人）推荐名单，并向社会公示，供学校选择和社会监督。不具备准入要求的，严禁参与招标。

（三）采取校外供餐的学校要将食品安全作为首要条件，在县级政府确定的推荐名单中进行选择。

第十六条 实行供餐退出机制。

对企业（单位）供餐、家庭（个人）托餐实行退出机制。凡出现下列情况之一者，停止供餐资格。

（一）违反食品安全法律法规，被食品药品监管部门吊销或注销餐饮服务许可证的；违反相关法律法规，被登记机关吊销营业执照的。

（二）发生食品安全事故的，包括已供餐或已纳入营养改善计划推荐名单但未实施供餐的供餐企业（单位）、托餐家庭（个人）。

（三）食品药品监管部门日常监督检查中发现存在采购加工《食品安全法》禁止生产经营的食品、使用非食用物质及滥用食品添加剂、降低食品安全保障条件等食品安全问题，经整改仍达不到要求的。

（四）出现降低供餐质量标准、随意变更供餐食谱、擅自更换履约人等其他违反法律法规或合同（协议）的行为的。

（五）供餐期间存在克扣、减量、延时、拒绝供餐或服务态度恶劣等行为，情节较为严重的。

（六）在学校膳食委员会组织的测评中，两次不合格的。

具体退出办法由省级食品药品监管部门、教育部门会同有关部门制订。

第十七条 科学指导营养供餐。

（一）县级以上政府成立学生营养指导专家组。制定膳食营养指南或食谱，指导试点县、试点学校、供餐企业（单位）、托餐家庭（个人）科学合理供餐。组织开展学生营养状况监测与评估。制定营养宣传教育指南，指导学校及社会进行营养科普宣传。

（二）试点县和学校应结合学生营养状况，根据专家组制定的膳食营养指南或带量食谱，选择肉、蛋、奶和其他营养价值较高的食品作为主要供餐内容，建立定时、定量供给制度，保证学生充足的能量和营养摄入。

第十八条 加强营养知识宣传教育。

（一）充分利用各种宣传教育形式，向学生、家长、教师、学校管理人员和供餐人员普及科学营养知识，提高全社会对学生营养改善工作重要性的认识，培养科学的营养观念，促进科学合理供餐。

（二）严格落实国家教学计划规定的健康教育时间，对学生进行营养知识宣传教育，建立健康的饮食行为模式，引导学生拒绝食用不健康食品，使广大学生能够利用营养知识终身受益。

第十九条 建立学生营养健康状况监测与评估制度。

试点县要按照国家制定的监测评估方案，确定一定数量的学校作为学生营养健康状况监测点，每年至少开展一次学生营养健康状况常规监测与评估。在常规监测的基础上，每年对部分试点地区和学校开展重点监测，及时跟踪了解学生营养改善情况，为学生营养改善工作提供科学依据。

第四章　食堂建设和管理

第二十条 改善学校食堂就餐条件。

（一）各地应结合当地社会经济发展规划和教育事业发展规划，在摸清底数的基础上，统筹制定学校食堂建设规划，分期实施，逐步达标。

（二）各地要统筹安排农村中小学校舍维修改造长效机制资金和中西部农村初中校舍改造工程项目，将学生食堂列为重点建设内容，使其达到餐饮服务许可的标准和要求。

中央财政在农村义务教育薄弱学校改造计划中专门安排食堂建设资金，对中西部地区农村学校改善就餐条件进行补助，并向国家试点地区适当倾斜。

（三）地方政府负责学校食堂建设及饮水、电力设施改造，厨具、餐具、清洗消毒设备配置等基础条件的改善，使其达到餐饮服务许可的标准和要求。

（四）学校食堂建设要本着"节俭、安全、卫生、实用"的原则，严禁超标准建设。规模较小学校，可以根据实际，利用闲置校舍改造食堂（伙房）、配备相关设施设备，为学生就餐提供基本条件。尊重少数民族饮食习惯，有清真餐需求的学校应设立清真灶。

（五）学校食堂（伙房）建设（改造）方案应经食品药品监管部门审核后方可实施，避免建成后不符合餐饮服务许可要求。食品药品监管部门应对学校食堂建设进行餐饮安全指导。

第二十一条 重视学校食堂管理。

（一）地方各级教育部门应会同有关部门，加强对学校食堂工作的指导和监督。在考核学校工作时，将食堂管理作为重要指标。

（二）学校应加强对食堂工作的领导与管理，建立健全覆盖各个环节的规章制度，实行校长负责制，配备专职或兼职食品安全管理员。应充分发挥膳食委员会在配餐食谱、食堂管理和检查评议等方面的作用。

（三）地方政府要根据当地实际为农村学校食堂配备合格工作人员并妥善解决待遇和专业培训等问题。从业人员不足的，应优先从富余教师中转岗，也可以采取购买公益性岗位的方式从社会公开招聘。人员招聘按照"省定标准、县级聘用、学校使用"的原则进行。从业人员必须具备相关条件，每年进行健康检查，定期接受业务技能培训。

（四）学校食堂应以服务师生为宗旨，按照"公益性、非营利性"的原则，合理确定伙食费标准和配餐方案，并报县级教育、卫生、价格管理部门备案。

（五）学校食堂一般应由学校自主经营，统一管理，封闭运营，不得对外承包。已承包的，合同期满，立即收回；合同期未满的，给予一定的过渡期，由学校收回管理。由社会投资建设、管理的学校食堂，经当地政府与投资者充分协商取得一致后，可由政府购买收回，交学校管理。

第二十二条 加强学校食堂财务管理。

（一）学校食堂实行专帐核算。要加强收支管理、成本核算和票据管理，加强内控监督，确保资金使用安全、规范和有效。

（二）学校食堂结余款项滚动使用，统一用于改善学生伙食，不得用于学校教职工福利、奖金、津贴等支出或挪作他用。

（三）学校食堂实行财务公开，自觉接受学生、家长和膳食委员会的监督。学校食堂每学期期末应将食堂收支情况全面结算，结果向学校师生和家长公开，同时报送县级学生营养办备案。

第五章　食品质量与安全

第二十三条 试点地区应严格遵循食品安全法律法规，建立完善食品安全保障机制，落实食品安全保障措施。试点县要指定专门机构、落实专门人员负责营养改善计划的食品安全工作。

第二十四条 试点地区应坚持安全第一、稳步推进的原则，组织职能部门，对所辖学校供餐条件进行食品安全风险评估，按照评估情况，安排所辖学校分期分批实施营养改善计划。

凡供餐条件不能满足食品安全要求的学校，暂缓实施营养改善计划。

第二十五条 学校食堂、供餐企业（单位）、托餐家庭（个人）必须依法经营，建立健全食品安全管理制度，规范食品采购、贮存、加工、留样、配送等环节的管理。

（一）食品采购。建立大宗食品及原辅材料招标制度，凡进入营养改善计划的米、面、油、蛋、奶等大宗食品及原辅材料要通过公开招标、集中采购、定点采购的方式确定供货商。建立食品采购索证索票、进货查验和供货商评议制度，不得采购不合格食品。

（二）食品贮存。食品贮存场所要符合卫生安全标准，配备必要的食品储藏保鲜设施；建立健全食品出入库管理制度和库存盘点制度；食品贮存应当分类、分架，安全管理；遵循先进先出的原则，及时清理销毁变质和过期的食品。

（三）食品烹饪。需要熟制烹饪的食品应烧熟煮透，其烹饪时食品中心温度应不低于70℃。严禁使用非食用物质加工制作食品。食品添加剂的使用应符合有关规定，严禁超范围、超剂量使用。

（四）食品留样。每餐次的食品成品必须留样。留样食品应按品种分别盛放于清洗消毒后的密闭专用容器内，并放置于专用冷藏设施中冷藏48小时。

（五）食品配送。供餐企业（单位）必须具备送餐条件和资质。送餐车辆及用具必须清洁卫生。运输过程中食品的中心温度应保持在60℃以上。

第二十六条 实行学校负责人陪餐制度。学校负责人应轮流陪餐（餐费自理），做好陪餐记录，及时发现和解决营养供餐过程中存在的问题和困难，总结和推广好的经验和做法。

第二十七条 食品安全培训。

县级有关部门要定期组织食品安全专家通过现场指导、培训等多种形式，增强学校、供餐企业（单位）、托餐家庭（个人）食品安全意识，强化食品安全管理措施，提高应对食品安全事故的能力。有条件的试点县，可将涉及营养改善计划的食品供货商等一并纳入培训。

第二十八条 完善食品安全事故应急处理机制。

逐级逐校制订详细的应急预案，明确突发情况下的应急措施，细化事故信息报告、人员救治、危害控制、事故调查、善后处理、舆情应对等具体工作方案，并定期组织演练。

第六章　资金使用与管理

第二十九条　资金安排。

（一）国家试点地区营养膳食补助按照国家规定的标准核定，所需资金由中央财政专项资金支持。

（二）鼓励有条件的地方在国家试点地区以外开展营养改善计划地方试点工作（以下简称地方试点）。地方试点应当以贫困地区、民族地区、边疆地区、革命老区等为重点，所需资金由地方财政统筹安排。

对地方试点工作开展较好并取得一定成效的省份，中央财政根据经费投入、组织管理、实施效果等情况给予奖励性补助。

（三）在实施营养改善计划的同时，继续落实好农村义务教育家庭经济困难寄宿生生活费补助（简称"一补"）政策，不得用中央专项资金抵减"一补"资金。

（四）鼓励企业、基金会、慈善机构等捐资捐助，在地方政府统筹下，积极开展营养改善工作，并按规定享受税费减免优惠政策。

第三十条　资金拨付。

省级财政部门应于收到中央专项资金预算文件 25 个工作日内，将预算分解到县。将营养改善计划专项资金纳入国库管理，实行分账核算，按照财政国库管理制度有关规定及时支付。

第三十一条　资金使用。

中央专项资金要全额用于为学生提供营养膳食，补助学生用餐，不得以现金形式直接发放给学生个人和家长。中央专项资金结余滚动用于下一年度学生营养改善计划。

营养改善计划专项资金应专款专用，严禁克扣、截留、挤占和挪用。

第三十二条 资金监管。

（一）财政部门应将专项资金管理使用情况列入重点监督检查范围。教育部门应当将专项资金的使用管理纳入教育督导的重要内容，定期进行督导。

各学校要建立健全内部控制制度，强化内部监管，主动接受审计部门的监督。

（二）各地应结合现有学籍管理平台，建立营养膳食补助实名制学生信息管理系统，对学生人数、补助标准、受益人数等情况进行动态监控，严防套取、冒领资金。

（三）各地要定期公布学生营养改善计划资金总量、学校名单及受益学生人数等信息。试点学校、供餐企业（单位）和托餐家庭（个人）应定期公布经费账目、配餐标准、带量食谱，以及用餐学生名单等信息，接受学生、家长和社会监督。

第七章　监督检查和责任追究

第三十三条 各级政府和有关部门按照职责分工，实行国家重点督查、省市定期巡查、县级经常自查，一级抓一级，层层抓落实，促进营养改善计划实施公开透明、廉洁运作。

地方各级政府要建立问责制度，制定专门的监督检查办法，对营养改善计划的实施进行全过程监督。

第三十四条 监督检查方式。

采用日常监督检查与专项监督检查相结合、内部监督检查与外部监督检查相结合等方式，进行全过程、全方位、常态化监督检查。

（一）日常监督。各有关部门和学校对本系统（单位）履行工作职责情况进行监督检查。教育督导部门要把营养改善计划实施情况作为重要工作内容定期督导；审计部门对资金管理使用情况进行审计监督；监察部门对有关职能部门履行工作职责情况进行监督。

（二）专项监督。在各级政府的领导下，由各级学生营养办牵头，组织相关部门对营养改善计划实施情况进行定期或不定期的重点督查及专项检查。

（三）人大政协监督。地方各级政府要主动将营养改善计划实施情况向同级人大、政协报告，接受监督。

（四）社会监督。各地应成立学生、家长、教师代表和社会各界代表共同组成的监督小组，设置举报电话和公众意见箱，广泛接受社会监督。

第三十五条　监督检查重点。

监督检查的重点是食品安全、资金安全和职责履行，主要内容包括：

（一）食品安全。

1. 是否建立和实施供餐准入和退出机制。

2. 供餐单位是否办理餐饮服务许可证。

3. 供餐单位餐饮服务从业人员是否具有健康证明，是否按要求接受相关培训。

4. 大宗食品及原辅材料的供货商是否通过公开招标、集中采购、定点采购的方式确定，程序是否合规合法。

5. 食品采购、贮存、加工、供应等环节是否符合有关法律法规和标准。

6. 学校选定的供餐模式是否科学，食物搭配是否合理，供餐食品是否满足营养需求，是否建立营养监测与评估制度。

7. 是否制定食品安全事故应急预案，是否发生食品安全事故，事故发生后是否及时有效处理，相关单位和人员责任是否追究到位。

（二）资金安全。

1. 年度预算是否及时下达，资金拨付是否符合财政国库管理有关规定。

2. 是否专款专用，是否存在截留、滞留、挤占、挪用、套取、虚报、冒领等问题。

3. 是否出现虚列支出、白条抵账、虚假会计凭证和大额现金支付等情况。

4. 纳入政府采购范围的项目是否符合程序。

5. 结余资金是否按规定使用与管理。

6. 食堂聘用人员工资、设备设施购置等费用是否纳入当地财政预算，是否挤占学校公用经费。

7. 是否按规定落实有关税费减免优惠政策。

(三) 职责履行。

1. 政府主导作用是否得到落实。

2. 相关职能部门是否严格履行工作职责，监督管理是否规范。

3. 是否成立营养改善计划领导小组和工作机构，是否有专门人员负责日常工作，是否有必要的办公条件和工作经费。

4. 是否建立健全相关工作机制，领导小组成员单位之间有无推诿扯皮现象。

5. 各项规章制度是否健全，是否制定了本地监督管理办法，是否有效执行。

6. 对营养改善计划执行情况是否定期进行跟踪督导、检查。

7. 营养改善计划实施过程中出现的问题是否及时、有效整改，相关人员的责任是否追究到位。

第三十六条 处理与责任追究。

对地方各级政府和有关部门及其工作人员在实施营养改善计划过程中的违法违纪行为，依照有关规定追究责任；涉嫌犯罪的移交司法机关依法处理。

第八章　附　则

第三十七条　各地可依据本细则制订具体实施办法。在营养改善计划实施过程中涉及的有关困难和问题，由各级学生营养办协调有关部门，依照相关法律法规解决。本级学生营养办无法解决的重大问题，逐级上报。

第三十八条　本细则由教育部、中宣部、国家发展改革委、监察部、财政部、农业部、卫生部、审计署、国家工商总局、国家质检总局、国家食品药品监管局、国务院食品安全委员会办公室、共青团中央、全国妇联、全国供销合作总社负责解释。

第三十九条　本细则自印发之日起施行。

附 录

农村义务教育学生营养改善计划
食品安全保障管理暂行办法

教财〔2012〕2号

第一章 总 则

第一条 为贯彻落实《国务院办公厅关于实施农村义务教育学生营养改善计划的意见》（国办发〔2011〕54号）要求，加强和规范农村义务教育学生营养改善计划（以下简称营养改善计划）实施过程中的食品安全管理，保障学生饮食安全，特制定本办法。

第二条 本办法依据《中华人民共和国食品安全法》及其实施条例、《突发公共卫生事件应急条例》、《国家食品安全事故应急预案》等相关法律法规制定。

第三条 本办法适用于实施营养改善计划的试点地区和学校，其他地区和学校可参照执行。

第二章 组织领导和职责分工

第四条 营养改善计划实施过程中的食品安全管理按照"政府负责、部门协同，分级管理、以县为主"的原则，建立各司其职、各负其责、密切配合、齐抓共管的工作机制。

（一）地方各级政府要加强食品安全工作的组织领导，建立权责一致、全程监管的食品安全保障机制。

省级政府领导和统筹管理本行政区域食品安全工作。制定食品安全保障办法。督促有关食品安全监管部门，组织制定食品安全宣传教育方案，指导开展食品安全宣传教育；组织制定食品安全事故应急预案；统一发布食品安全信息。督促各有关部门依法履行食品安全监管职责，督促试点地区建立并落实食品安全保障制度和措施。统筹制定学校食堂建设规划，改善学生就餐条件。

市级政府负责协调指导食品安全管理工作。加强监督检查，督促县级政府和各有关食品安全监管部门严格履行食品安全监管职责。

县级政府是食品安全工作的行动主体和责任主体。负责制订食品安全保障实施方案。确定不同类型学校的供餐模式，制订企业（单位）供餐、家庭（个人）托餐等校外供餐招投标办法并组织招标工作。指定专门机构、落实专门人员负责食品安全工作。加强监督检查，督促各有关部门依法履行食品安全监管职责。责成有关食品安全监管部门，组织开展食品安全事故应急预案制定及演练和学校食品安全事故调查。

（二）各监管部门要依法履行食品安全监管职责，确保生产、采购、贮存、加工、供应等关键环节安全可控。

1. 食品安全议事协调机构的办事机构负责食品安全保障工作的综合协调。

2. 农业部门负责对学校定点采购生产基地的食用农产品生产环节质量安全进行监管。

3. 工商部门负责供餐企业主体资格的登记和管理，以及食品流通环节的监督管理。

4. 质检部门负责对食品生产加工企业进行监管，查处食品生产加工中的质量问题及违法行为。

5. 卫生部门负责食品安全风险监测与评估、食品安全事故的病人救治、流行病学调查和卫生学处置。

6. 食品药品监管部门负责餐饮服务食品安全监管，会同教育、农业、质检、工商等部门制定不同供餐模式的准入办法，与学校、供餐企业和托餐家庭（个人）签订食品安全责任书，安排专人负责，加强对食品原料采购、贮存、加工、餐用具清洗消毒、设施设备维护等环节的业务指导和监督管理。组织开展餐饮服务食品安全监督检查、食品安全知识培训。协助查处餐饮服务环节食品安全事故。

7. 教育部门负责学校食品安全管理。督促学校建立健全食品安全管理制度，落实食品安全保障措施，开展食品安全宣传教育。按照规定开展学校食堂食品安全日常自查。配合食品药品监管等部门与学校、供餐企业（单位）和托餐（家庭）个人签订食品安全责任书，并进行食品安全检查。

8. 其他相关部门按照各自职责协助做好食品安全保障工作。

第五条 学校食品安全实行校长负责制。建立健全并落实食品安全管理制度。在食品安全监管部门的指导下，制定食品安全事故应急预案，定期开展演练。不具备食堂供餐条件的学校必须从县级政府纳入营养改善计划的供餐企业（单位）、托餐家庭（个人）推荐名单中选择供餐单位，并签订供餐合同（协议），明确双方的权利和义务。要充分发挥由学生、家长、教师等代表组成的膳食委员会在确定供餐模式、供餐单位、配餐食谱和食品安全监督管理等方面的作用。

第六条 供餐企业（单位）、托餐家庭（个人）必须严格自律，依法经营，建立健全食品安全管理制度，做好食品采购、贮存、加工、供应等环节的安全管理，接受社会监督。

第七条 鼓励社会参与。鼓励共青团、妇联等人民团体，居民委员会、村民委员会等有关基层组织，以及企业、基金会、慈善机构等，在地方政府统筹下，积极参与农村义务教育学生营养改善工作，在食品安全知识宣传、改善就餐条件、加强社会监督等方面发挥积极作用。

第三章　供餐准入及退出管理

第八条　实行供餐准入机制。

（一）学校食堂准入管理。

学校食堂（伙房）必须在办理餐饮服务许可证后方可为学生供餐。学校食堂建设与设施设备配备应当符合《餐饮服务许可管理办法》和《餐饮服务许可审查规范》规定的相关要求。学校食堂准入的基本要求如下：

具有与制作供应的食品品种、数量相适应的食品原料处理和食品烹饪、贮存等场所，保持该场所环境整洁，并与有毒、有害场所以及其他污染源保持规定的距离；

具有与制作供应的食品品种、数量相适应的经营设备或者设施，有相应的消毒、更衣、洗手、采光、照明、通风、冷冻冷藏、防尘、防蝇、防鼠、防虫、洗涤以及处理废水、存放垃圾和废弃物的设备或者设施；

具有合理的布局和加工流程，防止待加工食品与直接入口食品、原料与成品交叉污染，避免食品接触有毒物、不洁物；

具有经食品安全培训、符合相关条件的食品安全管理人员，以及与本单位实际相适应的保证食品安全的规章制度。

（二）供餐企业（单位）准入管理。

1. 供餐企业（单位）必须在办理餐饮服务许可证并经相关部门审核后方可为学生供餐。具体准入办法由省级食品药品监管部门会同教育部门等有关职能部门制订。

2. 供餐企业（单位）必须具有送餐资质和条件。配送条件应当符合食品操作规范的相关规定。

3. 供餐企业（单位）供餐人数不得超出其供餐能力。

（三）托餐家庭（个人）准入管理。

1. 托餐家庭（个人）必须符合准入要求并经相关部门审核后方可供餐。具体准入办法由省级食品药品监管部门会同教育部门等有关职能部门制订。

2. 托餐家庭（个人）应当具备餐饮安全的基本条件，场所应当清洁卫生，服务人员应当具有健康证明，接受食品安全培训，加工过程应做到生熟分开，严防交叉污染，具备清洗消毒条件。

3. 托餐家庭（个人）供餐人数不得超出其供餐能力。

4. 托餐家庭（个人）不得提供送餐服务。

5. 地方政府应为托餐家庭（个人）改善供餐条件提供相应支持。

（四）县级政府通过招标确定纳入营养改善计划的供餐企业（单位）、托餐家庭（个人）推荐名单，并向社会公示，供学校选择和社会监督。要严格审核供餐企业（单位）、托餐家庭（个人）的资质，不具备相应资质的，严禁从事营养改善计划的供餐、托餐服务。

（五）选择校外供餐服务的学校要将食品安全作为首要条件。不得选择未纳入营养改善计划推荐名单的供餐企业（单位）、托餐家庭（个人）提供供餐服务。

第九条 实行供餐退出机制。

对企业（单位）供餐、家庭（个人）托餐等校外供餐实行退出机制。出现下列情况之一者，由县级政府停止其供餐资格。

1. 供餐企业（单位）违反食品安全法律法规被食品药品监管部门吊销或注销餐饮服务许可证。

2. 发生食品安全事故者，包括已供餐或已纳入营养改善计划推荐名单但尚未实施供餐的供餐企业（单位）、托餐家庭（个人）。

3. 食品药品监管部门在监督检查中发现存在采购加工《食品安全法》禁止生产经营的食品、使用非食用物质及滥用食品添加剂、降低食品安全保障条件等食品安全问题，经整改仍达不到要求的。

4. 出现其他违反法律法规及有关规定的行为。

具体退出办法由省级食品药品监管部门、教育部门会同有关部门制订。

第四章　食品安全管理

第十条　制度建设与管理。

（一）学校、供餐企业（单位）、托餐家庭（个人）应当建立健全食品安全管理制度，配备专职或兼职食品安全管理员。食品安全管理制度主要包括：从业人员健康管理和培训制度，从业人员每日晨检制度，加工经营场所及设施设备清洁、消毒和维修保养制度，食品（原料）、食品添加剂、食品相关产品采购索证索票、进货查验和台账记录制度，食品贮存、加工、供应管理制度，食品安全事故应急预案以及食品药品监管部门规定的其他制度。

（二）学校食堂由学校自主经营，统一管理，封闭运营，不得对外承包。已承包的，合同期满，立即收回；合同期未满，给予一定的过渡期，由学校收回管理。由社会投资建设、管理的学校食堂，经当地政府与投资者充分协商取得一致后，可由政府购买收回，交学校管理。

第十一条　从业人员卫生管理要求

（一）餐饮服务从业人员（包括临时工作人员）每年必须进行健康检查，取得有效的健康合格证明后方可从事餐饮服务。凡患有痢疾、伤寒、甲型病毒性肝炎、戊型病毒性肝炎等消化道传染病，以及患有活动性肺结核、化脓性或者渗出性皮肤病等有碍食品安全疾病的，不得从事接触直接入口食品的工作。

（二）从业人员必须定期参加有关部门和单位组织的食品安全培训，增强食品安全意识，提高食品安全操作技能。

（三）实行每日晨检制度。发现有发热、腹泻、皮肤伤口或感染、咽部炎症等有碍食品安全病症的人员，应立即离开工作岗位，待查明原因并将有碍食品安全的病症治愈后，方可重新上岗。

（四）从业人员要有良好的个人卫生习惯。必须做到：工作前、处理食品原料后、便后用肥皂及流动清水洗手；接触直接入口食品之前应洗手消毒；穿戴清洁的工作衣、帽，并把头发置于帽内；不得留长指甲、涂指甲油、戴戒指加工食品；不得在食品加工和销售场所内吸烟。

第十二条 食品采购。

从食品生产单位、批发市场等采购的，严格执行《餐饮服务食品采购索证索票管理规定》，应当查验、索取并留存供货者的相关许可证和产品合格证明等文件；从固定供货商或者供货基地采购的，应当查验、索取并留存供货商或者供货基地的资质证明、每笔供货清单等；从超市、农贸市场、个体工商户等采购的，应当索取并留存采购清单。

第十三条 食品贮存。

食品贮存场所应符合卫生安全标准。食品和非食品库房应分开设置，配置良好的通风、防潮、防鼠等设施，配备必要的食品储藏保鲜设施。

建立健全食品出入库管理制度和收发登记制度。遵循先进先出的原则，及时清理销毁变质和过期的食品。

食品贮存应当分类、分架，安全管理。采购的食品以及待加工的食品应按照食品标签要求进行保存，需要冷藏的要及时进行冷藏贮存；熟制品、半成品与食品原料应分开存放，并明显标识，防止交叉污染；不得接触有毒物、不洁物。

第十四条 食品加工。

加工过程应认真执行《餐饮服务食品安全操作规范》。需要熟制烹饪的食品应烧熟煮透，其烹饪时食品中心温度应不低于70℃。

不得向学生提供腐败变质或者感官性状异常，可能影响学生健康的食物；不得制售冷荤凉菜、四季豆等高风险食品。

严格按照规定使用食品添加剂。严禁超范围、超剂量使用食品添加剂，不得采购、贮存、使用亚硝酸盐。严禁使用非食用物质加工制作食品。

第十五条 食品留样。

每餐次的食品成品必须留样，并按品种分别盛放于清洗消毒后的密闭专用容器内，放置于专用冷藏设施中冷藏 48 小时。每个品种留样量应满足检验需要，不少于 100g，并记录留样食品名称、留样量、留样时间、留样人员、审核人员等。

第十六条 餐用具清洗与消毒。

按照要求对食品容器、餐用具进行清洗消毒，并存放在专用保洁设施内备用。提倡采用热力方法进行消毒。采用化学方法消毒的必须冲洗干净。不得使用未经清洗和消毒的餐用具。

第十七条 食品配送。

送餐车辆及工用具必须保持清洁卫生。每次运输食品前应进行清洗消毒，在运输装卸过程中也应注意保持清洁，运输后进行清洗，防止食品在运输过程中受到污染。

集体用餐配送的食品不得在 10℃—60℃ 的温度条件下贮存和运输，从烧熟至食用的间隔时间（保质期）应符合以下要求：

烧熟后 2 小时的食品中心温度保持在 60℃ 以上（热藏）的，其保质期为烧熟后 4 小时。

烧熟后 2 小时的食品中心温度保持在 10℃ 以下（冷藏）的，保质期为烧熟后 24 小时，供餐前应加热，加热时食品中心温度不应低于 70℃。

第五章 食品安全事故应急处理

第十八条 发生学生食物中毒等食品安全事故后，学校应立即采取下列措施：立即停止供餐活动；协助医疗机构救治病人；立即封存导致或者可能导致食品安全事故的食品及其原料、工用具、设备设施和现场，并按照相关监管部门的要求采取控制措施；积极配合相关部门进行食品安全事故调查处理，按照要求提供相关资料和样品；配合有关部门对共同进餐的学生进行排查；与中毒学生家长联系，通报情况，做好思想工作；根据相关部门要求，采取必要措施，把事态控制在最小范围。

学校应在 2 小时之内，向当地卫生、教育、食品药品监管等部门报告。不得擅自发布食品安全事故信息。

第十九条 卫生、教育等行政部门接到食品安全事故报告，或查明食品安全事故原因后，应当立即上报同级人民政府和上级主管部门，同时立即通报同级食品药品监督管理部门和其他有关部门。

第二十条 卫生行政部门依法组织对事故进行分析评估，核定事故级别。一般、较大、重大食品安全事故，分别由事故所在地的县、市、省级政府成立相应应急处置指挥机构，统一组织开展本行政区域事故应急处置工作。特别重大食品安全事故，由卫生部会同国务院食品安全办向国务院提出启动 I 级响应的建议，经国务院批准后，成立国家特别重大食品安全事故应急处置指挥部（以下简称指挥部），统一领导和指挥事故应急处置工作。

第二十一条 卫生行政部门应及时组织医疗机构对中毒（患病）人员进行救治，协助食品安全综合协调部门和有关部门对事故现场进行卫生学处理。卫生行政部门组织疾病预防控制机构开展流行病学调查，相关部门及时组织检验机构开展抽样检验，尽快查找食品安全事故发生的原因。

第二十二条 食品安全监管部门应当依法强制就地或异地封存事故相关食品及原料和被污染的食品工用具等，待有关部门查明导致食品安全事故的原因后，责令食品生产经营者彻底清洗消毒被污染的食品工具及用具，消除污染。

第二十三条　对确认受到有毒有害物质污染的相关食品及原料，农业、质量监督、工商、食品药品监管等部门应当依法责令生产经营者召回、停止经营并销毁。检验后确认未被污染的应当予以解封。

第六章　监督检查

第二十四条　地方各级政府和有关部门要按照职责分工，采用日常监督检查与专项监督检查相结合、内部监督检查与外部监督检查相结合等方式，进行全过程、全方位、常态化监督检查。

第二十五条　有关部门依法开展对学校食堂、供餐企业（单位）、托餐家庭（个人）的食品安全监管和检查。有权采取下列措施：

（一）进入学生餐经营场所实施现场检查；

（二）对学生餐进行抽样检验；

（三）查阅、复制有关合同、票据、账簿以及其他有关资料；

（四）查封、扣押有证据证明不符合食品安全标准的食品、违法使用的食品和原料、食品添加剂、食品相关产品以及用于违法生产经营或者被污染的工具、设备；

（五）查封违法从事食品经营活动的场所。

第二十六条　有关部门应当建立学校食堂、供餐企业（单位）、托餐家庭（个人）食品安全信用档案，记录许可颁发、日常监督检查结果、违法行为查处等情况；根据食品安全信用档案的记录，对有不良信用记录的食品经营者增加监督检查频次。

第二十七条　在监督检查过程中，对发现的违法行为，要求责令改正，并依法进行行政处罚。

第七章　责任追究

第二十八条　建立食品安全责任追究制度。对违反法律法规、玩忽职守、疏于管理，导致发生食品安全事故，或发生食品安全事故后迟报、漏报、瞒报造成严重不良后果的，追究相应责任人责任；构成犯罪的，追究其刑事责任。

（一）县级以上地方政府在食品安全监督管理中未履行职责，本行政区域出现重大食品安全事故、造成严重社会影响的，依法对直接负责的主管人员和其他直接责任人员追究相应责任。

（二）县级以上卫生行政、农业行政、质量监督、工商行政管理、食品药品监督管理部门或者其他有关行政部门不履行食品安全监督管理法定职责、日常监督检查不到位或者滥用职权、玩忽职守、徇私舞弊的，依法对直接负责的主管人员和其他直接责任人员追究相应责任。

（三）学校、供餐企业（单位）和托餐家庭（个人）不履行或不正确履行食品安全职责，造成食品安全事故的，依法对直接负责的主管人员和其他直接责任人员追究相应责任。

第八章 附 则

第二十九条 本办法由教育部、中宣部、国家发展改革委、监察部、财政部、农业部、卫生部、审计署、国家工商总局、国家质检总局、国家食品药品监管局、国务院食品安全委员会办公室、共青团中央、全国妇联、全国供销合作总社负责解释。

第三十条 本办法自印发之日起施行。

农村义务教育学校食堂管理暂行办法

教财〔2012〕2号

第一章 总 则

第一条 为贯彻落实《国务院办公厅关于实施农村义务教育学生营养改善计划的意见》（国办发〔2011〕54号），规范农村义务教育学校食堂管理，特制定本办法。

第二条 本办法依据农村义务教育学生营养改善计划（以下简称营养改善计划）的实施细则、专项资金管理办法、食品安全保障管理办法及相关法律法规制定。

第三条 地方各级政府要高度重视农村义务教育学校食堂管理工作，各有关部门要共同参与对学校食堂的管理，各司其职、各负其责。学校要把食品安全和资金安全作为食堂管理的重点，切实承担起具体组织实施和管理责任。

第四条 本办法所称学校食堂，是指为学生（含教职工）提供就餐服务，按要求具有相对独立的原料存放、食品加工操作、食品出售及就餐空间的场所。

第五条 本办法适用于实施营养改善计划的试点地区和学校，其他地区和学校可参照执行。

第二章 基本要求

第六条 学校食堂应以改善学生营养、增强学生身体素质，促进学生健康成长为宗旨，坚持"公益性"、"非营利性"的原则，尊重少数民族饮食习惯，建立健全覆盖各个环节的规章制度。

第七条 审批制。学校开办食堂须提出书面申请，经相关部门审批同意，取得餐饮服务许可证后方可供餐。

第八条 校长负责制。校长是第一责任人，对学校食堂管理工作负总责。建立由校领导、后勤管理部门负责人和食堂管理人员组成的食堂管理工作领导小组，全面负责学校食堂管理。重大开支和重要事项，由集体讨论决定。

第九条 内部控制制度。针对学校食堂管理的各个关键环节，建立健全严密有效的内部控制制度，强化内部控制，提高管理水平。

第十条 岗位责任制。学校应根据学生就餐规模，切实做好定岗、定责、定薪工作，合理配置人员。学校应按照不相容岗位分设的要求，设置采购、加工、保管、会计、出纳、食品安全管理等工作岗位，建立岗位责任制，明确岗位职责。关键岗位应定期进行轮换。规模较小的学校，部分岗位可以由符合任职要求的其他人员兼任。

第十一条 学校负责人陪餐制。学校负责人应轮流陪餐（餐费自理），做好陪餐记录，及时发现和解决食堂管理中存在的问题和困难。

第十二条 科学营养供餐。各地应参照有关营养标准，结合学生营养健康状况、当地饮食习惯和食物实际供应情况，制订成本合理、营养均衡的食谱。

第十三条 食品安全事故应急处理机制。学校应防止投毒事故，保障饮水安全，建立完善食物中毒等食品安全事故的应急预案，细化事故信息报告、人员救治、危害控制、事故调查、善后处理、舆情应对等具体方案，并定期组织演练。

第十四条 学校食堂应按照《消防法》的规定，提高消防意识，加强消防安全管理，定期组织消防演练，防止发生火灾。

第十五条 建立膳食委员会。学校应成立由学生代表、家长代表、教师代表等组成的膳食委员会，发挥其在配餐食谱、食堂管理和检查评议等方面的作用。

第十六条　学校食堂一般应由学校自主经营，统一管理，不得对外承包。已承包的，合同期满，立即收回；合同期未满的，给予一定的过渡期，由学校收回管理。由社会投资建设、管理的学校食堂，经当地政府与投资者充分协商取得一致后，可由政府购买收回，交学校管理。

第三章　人员管理

第十七条　地方政府应为学校食堂配备数量足够的合格工作人员并妥善落实人员工资及福利，组织专业培训。从业人员不足的，应优先从富余教师中转岗，也可以采取购买公益性岗位的方式从社会公开招聘。人员招聘按照"省定标准、县级聘用、学校使用"的原则进行。

第十八条　食堂从业人员基本要求。

（一）学校应在食品药品监督管理部门和营养专业人员的指导下对食堂从业人员定期组织食品安全知识、营养配餐、消防知识、职业道德和法制教育的培训。

（二）学校食堂从业人员（含临时工作人员）每年必须进行健康检查，取得有效的健康合格证明。

（三）建立食堂从业人员晨检制度。食堂管理人员应在每天早晨各项饭菜烹饪活动开始之前，对每名从业人员的健康状况进行检查，并将检查情况记录在案。发现有发热、腹泻、皮肤伤口或感染、咽部炎症等有碍食品安全病症的，应立即离开工作岗位，待查明原因并将有碍食品安全的病症治愈后，方可重新上岗。从业人员有不良思想倾向及行为、精神异常等现象的，应立即调离工作岗位。

（四）食堂从业人员应具备良好的个人卫生习惯。处理食品及分餐前、处理食品原料及使用卫生间后，必须用肥皂及流动清水洗手消毒；穿戴清洁的工作衣、帽，并把头发置于帽内；不得留长指甲、涂指甲油、戴戒指加工食品；不得在食品加工和供应场所内吸烟。

第十九条 学校食堂应配备专职或兼职食品安全管理员，食品安全管理员原则上每年应接受累计不少于 40 小时的餐饮服务食品安全培训。

第四章 食品采购

第二十条 建立食品采购索证索票制度。食品采购应严格执行《餐饮服务食品采购索证索票管理规定》。从食品生产单位、批发市场等采购的，应当查验、索取并留存供货者的相关许可证和产品合格证明等文件；从固定供货商或者供货基地采购的，应当查验、索取并留存供货商或者供货基地的资质证明、每笔供货清单等；从超市、农贸市场、个体工商户、农户等采购的，应当索取并留存采购清单等有关凭证，做到源头可控，有据可查。

第二十一条 规范大宗食品采购行为。建立大宗食品及原辅材料招标制度，米、面、油、蛋、奶等大宗食品及原辅材料要通过公开招标、集中采购、定点采购的方式确定供货商。偏远地区学校或教学点可通过比选质量、价格的办法确定供货对象。

第二十二条 积极推进"农校对接"。建立学校蔬菜和农副产品直供基地，在保障产品质量和安全的前提下，减少农副产品采购和流通环节，降低原材料成本。

第二十三条 建立食品查验制度。采购包装食品时应严格查验食品生产日期、保质期，确保食品安全；不得采购质量不合格、超过保质期的食品；不得采购有腐败变质或感官性状异常的食品；不得采购《食品安全法》禁止生产、经营的食品。

第二十四条 建立双人采购和定期轮换制度。学校应实行双人采购，人员不足的可由教职工陪买，每次采购应做详细的采购记录备查。原则上采购人员每学期应轮换一次。

第二十五条 建立供货商评议制度。学校应定期对食品及原辅材料供货商进行综合评议，对评议不合格、违反食品安全法律法规、发生食品安全事故的供货商应列入黑名单，终止供货合同，取消其供货资格。供货商定期与学校进行结算，采购员与供货商之间原则上不得发生现金交易。

第五章 食品贮存

第二十六条 建立出入库管理制度。食堂物品的入库、出库必须由专人负责，签字确认。规模较大的学校，应由两个以上人员签字验收。严格入库、出库检查验收，核对数量，检验质量，杜绝质次、变质、过期食品的入库与出库。出库食品做到先进先出。

第二十七条 建立库存盘点制度。食堂物品入库、验收、保管、出库应手续齐全，物、据、账、表相符，日清月结。盘点后相关人员均须在盘存单上签字。食堂应根据日常消耗确定合理库存。发现变质和过期的食品应按规定及时清理销毁，并办理监销手续。

第二十八条 食品贮存场所应根据贮存条件分别设置，食品和非食品库房应分设，并配置良好的通风、防潮、防鼠等设施。食品贮存应当分类、分架、隔墙、离地存放，遵循先进先出的原则摆放，不同区域应有明显标识。散装食品应盛装于容器内，在贮存位置标明食品的名称、生产日期、保质期、供货商及联系方式等内容。盛装食品的容器应符合安全要求。

第六章 食品加工

第二十九条 食堂加工操作间应当符合下列要求：

（一）最小使用面积不得小于8平方米；

（二）墙壁应有1.5米以上的瓷砖或其他防水、防潮、可清洗的材料制成的墙裙；

（三）地面应由防水、防滑、无毒、易清洗的材料建造，具有一定坡度，易于清洗与排水；

（四）配备有足够的照明、通风、排烟装置和有效的防蝇、防尘、防鼠，污水排放和符合卫生要求的存放废弃物的设施和设备；

（五）配备餐饮服务许可证所规定的其他设施设备。

第三十条 食品加工过程应严格执行《餐饮服务食品安全操作规范》。

第三十一条 必须采用新鲜安全的原料制作食品，不得加工或使用腐败变质和感官性状异常的食品及原料。不得向学生提供腐败变质或者感官性状异常，可能影响学生健康的食物；不得制售冷荤凉菜、四季豆等高风险食品。

第三十二条 需要熟制烹饪的食品应烧熟煮透，其烹饪时食品中心温度应不低于70℃。烹饪后的熟制品、半成品与食品原料应分开存放，防止交叉污染。食品不得接触有毒物、不洁物。

第三十三条 建立食品留样制度。每餐次的食品成品必须留样，并按品种分别盛放于清洗消毒后的密闭专用容器内，放置于专用冷藏设施中冷藏48小时。每个品种留样量应满足检验需要，不少于100g，并记录留样食品名称、留样量、留样时间、留样人员、审核人员等信息。

第三十四条 严格按照规定使用食品添加剂。严禁超范围、超剂量使用食品添加剂，不得采购、贮存、使用亚硝酸盐。严禁使用非食用物质加工制作食品。

第三十五条 加工结束后及时清理加工场所，做到地面无污物、残渣；及时清洗各种设备、容器和用具，做到定期消毒，归位摆放。

第七章 食品供应

第三十六条 学校食堂供餐包括两种方式：一是包餐制，即全体学生统一伙食费标准，由学校食堂提供统一饭菜；二是自购制，即饭菜品种、数量由学生自由选购，学校食堂凭充值卡或饭菜票结算。学校可根据实际情况从中选择。

第三十七条 学校食堂应综合考虑学生的营养需要、当地经济发展水平、物价水平等因素，合理确定伙食标准和配餐方案，并报教育、卫生、价格管理部门备案。

第三十八条 学校应制订每周带量食谱并提前公布。

第三十九条 有清真餐需求的学校应设立清真灶，灶具、炊具使用，原材料采购、贮存、加工等应符合清真饮食的规定。

第四十条 就餐场所管理。学生就餐场所应张贴均衡营养、健康饮食行为等宣传资料；应设置洗手池等设备设施，有明确的洗手、消毒及检查等规定；就餐场所及设备设施应定期维护，保持干净整洁，做好地面防滑。

第四十一条 就餐秩序管理。学生就餐时，应落实校领导带班、班主任值班制度，加强就餐秩序的管理，做到安全、文明就餐，避免浪费。

第四十二条 餐用具清洗与消毒。按照要求对食品容器、餐用具进行清洗消毒，并存放在专用保洁设施内备用。提倡采用热力方法进行消毒。采用化学方法消毒的必须冲洗干净。不得使用未经清洗和消毒的餐用具。

第八章　财务管理

第四十三条 教育、财政部门应加强对学校财务工作的指导。建立健全食堂财会制度，配备专（兼）职财会人员，定期组织业务培训。

第四十四条 学校食堂财务纳入学校财务统一管理，实行专帐核算。对营养改善资金收支情况必须设立专门台帐，明细核算。

第四十五条 严格区分核算主体，由财政经费保障的人员、设施设备等方面的费用不得在食堂专帐中列支。

第四十六条　学校必须确保营养改善专项补助资金足额用于学生伙食，不得以现金形式直接发给学生个人和家长，不得以保健品、含乳饮料等替代。

第四十七条　教职工在食堂就餐应与学生同菜同价，伙食费据实结算，不得挤占营养改善补助资金，不得侵占学生利益。

第四十八条　学校食堂收取伙食费应开具合法票据；支出要取得合法、有效的票据，按规定办理相应报销手续。

第四十九条　食堂收入包括：财政补助收入、伙食收入、其他收入等。不得将学校的店面承包收入、房租收入、其他非食堂经营服务收入转入食堂收入。不得转移食堂收入。严禁挪用食堂资金或设立"小金库"。

第五十条　食堂支出包括原材料成本、人工成本等。不得将应在学校事业经费列支的费用等计入食堂支出。食堂成本核算应以食堂的日常经营服务活动所必须的各项料、工、费为基本内容。

第五十一条　食堂的收支结余实施月度结算，食堂的结余款要专项用于改善学生伙食，严禁用于学校教职工福利、奖金、津补贴以及非食堂经营服务方面的支出。

第五十二条　学校食堂实行财务公开，自觉接受学生、家长、学校膳食委员会的监督。学校应定期（每学期至少一次）将食堂收支情况及时向学校师生和家长公开，同时报送教育部门备案。

第九章　监督检查

第五十三条　教育部门要会同食品药品监管、卫生、物价、审计等部门，采取定期检查和随机抽查等形式，对学校食堂管理的各个环节加强监管。对发现的问题要予以通报并责令整改；情况严重的，要依法依规严肃处理，追究相应的责任。教育部门在考核学校工作时，应将食堂管理作为重要考核指标。

第五十四条 建立公示制度。学校应定期将营养改善计划受益学生名单、人数（次），学校食堂财务收支情况，物资采购情况，带量食谱、饭菜价格等情况予以公示，接受学校师生和家长的监督。

第五十五条 建立信息反馈渠道。设立校长信箱，食堂工作人员、就餐师生，可以对原材料采购、伙食质量等问题进行投诉或举报。学校应定期公布投诉或举报的处理情况。

第五十六条 建立责任追究制度。对违反规定、疏于管理、玩忽职守，导致学生发生食物中毒事故，或发生食品安全事故后迟报、漏报、瞒报造成严重不良后果的，追究相应责任人责任；构成犯罪的，追究其刑事责任。

第五十七条 有下列情形之一的，一经查实，依法依规严肃处理：

（一）在食堂经费中列支教职工伙食、奖金福利和招待费等费用；

（二）虚报、冒领、套取、挤占、挪用营养改善补助资金；

（三）克扣学生伙食、贪污受贿等。

第十章 附 则

第五十八条 本办法由教育部、中宣部、国家发展改革委、监察部、财政部、农业部、卫生部、审计署、国家工商总局、国家质检总局、国家食品药品监管局、国务院食品安全委员会办公室、共青团中央、全国妇联、全国供销合作总社负责解释。

第五十九条 各地应结合实际，制订具体实施办法。

第六十条 本办法自印发之日起施行。

农村义务教育学生营养改善计划
实名制学生信息管理暂行办法

教财〔2012〕2号

第一章 总 则

第一条 为贯彻落实《国务院办公厅关于实施农村义务教育学生营养改善计划的意见》（国办发〔2011〕54号），实行农村义务教育学生营养改善计划（以下简称营养改善计划）实名制管理，准确掌握学生信息，防止虚报、冒领营养改善补助资金行为，确保资金安全，特制定本办法。

第二条 本办法依据《农村义务教育学生营养改善计划实施细则》、《中小学学生学籍信息化管理基本信息规范》等相关法规制定。

第三条 本办法所称实名制，是指享受营养改善计划补助的学生需要提供个人有效身份证件或经县级政府指定部门审核的有效证明，以便准确掌握学生信息的管理制度。

第四条 建立和完善实名制学生信息管理系统。该系统是指为有效实施实名制管理建立的信息管理系统。系统建设应利用现有的学籍管理系统，遵循"准确、完整、实用、够用"原则，能够接口开放、充分兼容、数据共享。信息采集应充分利用现有资源，避免重复工作。所有享受营养改善计划补助的学生信息必须进入系统管理。

第五条 本办法适用于实施营养改善计划的试点地区和学校，其他地区和学校可参照执行。

第二章 职责分工

第六条 地方各级教育部门负责做好实名制学生信息管理工

作，对学生人数、补助标准、受益人次等情况实施动态监控，严防虚报、冒领、套取营养改善补助资金，确保工作落实到位。

第七条 实名制学生信息管理按照"分级管理、分级负责"的原则，实行中央、省（区、市）、市（地区、州、盟）、县（市、区、旗、团场）、学校五级管理体制。

教育部负责全国实名制学生信息管理的组织领导，构建全国实名制学生信息管理系统，对享受营养补助的学生信息进行存储、统计、维护、监控、分析等。

省级教育部门负责全省实名制学生信息管理的组织领导，依托现有学籍管理系统，建立实名制学生信息管理系统，实现"一人一号、全省联网"；负责全省信息的审核、存储、统计、分析、上报、维护、监控等。

市级教育部门负责全市实名制学生信息管理工作的检查、指导、协调；负责全市信息的审核、存储、统计、分析、上报、维护、监控等。

县级教育部门负责全县实名制学生信息管理工作的组织实施。审查试点学校入网资格；对全县信息的审核、存储、统计、分析、上报、维护、监控等负第一监管责任。

学校负责实名制学生信息管理工作的具体实施。建立实名制学生信息纸质档案和电子档案，负责信息采集、审核、录入、统计、上报、维护等，对学生信息的真实性负第一责任。

第八条 实名制学生信息管理实行校长负责制。校长是第一责任人，承担领导责任；分管学生学籍工作的校领导，是主管责任人，承担组织和监管责任；学校学籍管理员是直接责任人，承担具体实施工作。

第三章 基本信息

第九条 实名制学生信息包括学生基本信息、学校基本信息、报表信息等。

第十条 学生基本信息包括学籍号、姓名、曾用名、性别、出生日期、身份证类型、身份证号、民族、户籍所在地，学校名称、年级名称、班级名称、入学年月、入学方式、就学方式，健康状况、身高、体重，是否为留守儿童、外来务工人员子女、享受"一补"，现住址、监护人姓名、监护人电话，学生照片等信息。

学生的学籍号分学籍主号和学籍辅号。学籍主号为学生的身份证号，身份证重号应到当地公安部门申请修改，无身份证号码的学生学籍主号可用监护人的身份证号。学籍辅号由各省自行制定统一的编制规则，并报全国学生营养办备案。

第十一条 学校基本信息包括学校代码、学校名称、学校举办者类型、学校驻地城乡类别、学校办学类型，补助标准、供餐模式，学校地址、邮政编码、联系电话、传真、电子邮箱、网站主页地址，校长姓名、固定电话和手机号码。

第十二条 省、市、县、校四级报表包含自定义统计报表和常规统计报表，自定义报表根据需要确定相关统计信息，常规统计报表应含以下信息。

校级常规统计报表含在校学生总数、班级数、受益学生人数、寄宿生人数、享受"一补"人数、留守儿童人数、外来务工人员子女人数、补助标准、补助总额、供餐模式。

县级常规统计报表含受益学校名单、学校办学类型、学校受益学生人数、寄宿生人数、享受"一补"人数、留守儿童人数、外来务工人员子女人数、补助标准、补助总额、不同供餐模式受益学生数及其汇总数据。

市级常规统计报表含受益县名单、学校办学类型、学校受益学生人数、寄宿生人数、享受"一补"人数、留守儿童人数、外来务工人员子女人数、补助标准、补助总额、不同供餐模式受益学生数及其汇总数据。

省级常规统计报表含受益县、市名单、学校办学类型、学校受益学生人数、寄宿生人数、享受"一补"人数、留守儿童人数、外来务工人员子女人数、补助标准、补助总额、不同供餐模式受益学生数及其汇总数据。

第四章　信息管理

第十三条　实名制学生信息实行分级录入、分级审核。学校和学生基本信息由学校负责组织采集和录入，经系统查重和审核，报县级教育部门确认入库，县级教育部门要为学校录入信息提供支持与保障。

在初始使用实名制学生信息管理系统时，学校应及时录入当前所有在校学生的基本信息。在每年 9 月 20 日之前，学校应完成新生信息的录入与核对工作。

第十四条　学校应根据学生基本信息变动情况，及时在系统中更新。因学生学籍变更造成受益人数变化时，学校应及时上报，经县级教育部门审批后对系统数据进行相应更改。学生的姓名、性别、出生年月、身份证号等关键信息采用"到期即锁"的方式进行管理，锁定后如需更改，由学生及其监护人提出申请，经学校审核后报县级教育部门批准，方予更改。

第十五条　学生因转学、休学、毕业等原因发生学籍变更离校的，从变更之日起不再在原学校享受营养补助。从其他学校转入试点学校的学生，应享受营养补助。

第十六条　学校于每年 9 月 25 日前打印受益学生花名册，经学生监护人签字，学校盖章，报县级教育部门审核后，送县级学生营养办备案。

第十七条　学校于每年 9 月 25 日前按照实名制学生信息管理的要求上报常规报表至县级学生营养办。由县、市审核汇总后报省级学生营养办，各地省级学生营养办于每年 10 月中旬前将电子数据和书面报表汇总上报教育部、财政部。教育部、财政部复核后，对各地营养改善补助资金进行拨付。

第十八条 地方各级学生营养办要定期对统计数据进行全面分析，并供有关部门共享。数据分析应参考统计、计生等部门的统计信息。

第五章 条件保障

第十九条 地方各级教育部门和试点学校应建立涵盖信息采集、录入、审核、存储、变更、统计等各环节的管理制度，做到有章可循、有据可依，使学生信息管理科学规范。

第二十条 地方各级教育部门和试点学校要加强队伍建设，积极创造条件，强化对相关管理人员的业务指导与技术培训，组织开展经验交流与研讨，提高管理水平。

第二十一条 建立和完善经费保障制度。地方各级政府要将建立与维护营养改善计划实名制学生信息管理系统所需经费列入当地财政预算，确保落实。学校应配置必要设备，以顺利实施建档、采像、变更等日常管理工作。

第六章 信息安全

第二十二条 要建立健全集中统一、分工协作、各司其职的信息安全管理机制，按照"谁主管、谁负责"的原则，坚持预防为主、人防和技防相结合，切实加强信息安全工作。

第二十三条 加强网络安全管理，创设良好基础网络环境；优化系统功能、最大限度减少系统自身安全隐患；规范系统访问权限管理，各用户在业务授权范围内使用系统，严禁越权操作；建立数据备份与恢复、安全应急响应等制度办法，开展经常性的检查，发现问题立即整改，切实消除隐患。

第二十四条 促进信息有效利用与安全管理协调统一。严格禁止学生信息用于商业用途，未经上级教育部门批准，不得公开、提供、泄露、扩散学生相关信息。对擅自公开、提供、泄露、扩散学生相关信息，造成不良后果的，依法依规严肃处理。

第七章　监督检查

第二十五条　建立监督检查制度。采取定期检查与随机抽查相结合的方式，综合运用多种手段，强化对实名制学生信息管理工作的监督。

第二十六条　地方各级教育部门要按照有关规定对本行政区域内试点学校学生基本信息与学籍变更情况进行审核，认真核对电子与纸质档案材料，重点是营养改善补助资金、受益人数、各类供餐模式人数以及"一补"人数。

第二十七条　地方各级教育部门要加大监管和查处力度，凡虚报、冒领、套取专项资金的，将予以收回，并对相关责任人和单位作出严肃处理，情节严重的，依法追究有关人员和单位的法律责任。

第八章　附　则

第二十八条　本办法由教育部、中宣部、国家发展改革委、监察部、财政部、农业部、卫生部、审计署、国家工商总局、国家质检总局、国家食品药品监管局、国务院食品安全委员会办公室、共青团中央、全国妇联、全国供销合作总社负责解释。

第二十九条　各地应结合实际，制订具体实施办法。

第三十条　本办法自印发之日起施行。

农村义务教育学生营养改善计划
信息公开公示暂行办法

教财〔2012〕2号

第一章 总 则

第一条 为贯彻落实《国务院办公厅关于实施农村义务教育学生营养改善计划的意见》（国办发〔2011〕54号）和《农村义务教育学生营养改善计划实施细则》，促进农村义务教育学生营养改善计划（以下简称营养改善计划）实施过程的公开、透明，特制定本办法。

第二条 营养改善计划信息公开应纳入地方各级政府整体信息公开工作范畴，统一管理。信息公开内容依照国家有关规定履行报批程序，未经批准不得发布。信息公开遵循公正、公平、便民的原则。

第三条 省（区、市）、市（地区、州、盟）、县（市、区、旗、团场）级政府为本行政区域信息公开工作的实施主体，负责组织、协调、指导、监督本地信息公开工作。参与营养改善计划实施的各有关部门，依据各自职责和业务范围，在当地政府领导下开展信息公开工作。

第四条 试点学校应在地方政府及有关部门的指导下，按照信息公开有关规定，结合营养改善计划实施情况，建立健全本校的信息公开管理制度，开展学校信息公开日常工作。

第五条 本办法适用于实施营养改善计划的试点地区和学校，其他地区和学校可参照执行。

第二章　公开内容

第六条　地方各级政府应按照国家有关规定，在职责范围内确定主动公开信息的具体内容，并重点公开下列信息：

（一）营养改善计划有关政策、法规、规章、规范性文件。

（二）营养改善计划组织机构和职责；举报电话、信箱或电子邮箱；供餐企业、托餐家庭名单；营养专家组人员名单。

（三）营养改善计划各阶段进展和总体实施情况；营养改善计划统计信息；营养改善计划财政预算、决算报告。

（四）营养改善计划重大建设项目的批准和实施情况；政府采购项目的目录、标准及实施情况。

（五）食品安全等突发事件的应急预案、预警信息及应对情况；突发食品安全事件调查处理情况。

（六）营养改善计划社会捐助等款物的管理、使用和分配情况。

（七）公众关心的热点、难点问题解决情况。

（八）营养改善计划监督检查情况。

（九）实施营养改善计划的先进经验、典型事例。

第七条　学校应主动公开的信息包括：

（一）营养改善计划实施方案；各项配套管理制度；组织机构与职责；举报电话、信箱或电子邮箱。

（二）营养改善计划学期实施进展情况；受助学生人数、姓名、班级等情况。

（三）营养改善补助收支情况和食堂财务管理情况；学校食堂饭菜价格、带量食谱。

（四）学校膳食委员会名单及工作开展情况；学校管理人员陪餐情况。

（五）学生和家长关心的热点、难点问题解决情况。

第八条　供餐企业（单位）、托餐家庭（个人）通过县级政府主动公开的信息包括：

（一）实施营养改善计划的各项配套管理制度；食品安全责任人、供餐方签约人姓名及联系方式；用餐学生名单、次数和时间。

（二）带量食谱、价格、数量、时间；接受补助与资助情况。

（三）食品安全等突发事件的应急预案。

第三章　公开方式

第九条　地方各级政府应定期将主动公开的信息，通过政府公报、新闻发布会、政府网站、报刊、广播、电视等便于公众知晓的方式公开。

第十条　学校应为学生、家长或者其他组织获取信息提供便利。定期通过以下一种或者几种方式公开信息：

（一）学校网站（页）、校园广播、校园信息公告栏，电视、报刊、杂志、相关门户网站，微博、短信、微信等；

（二）学校的公报（告）、年鉴、会议纪要、简报、致家长公开信、专用手册等；

（三）学校家长会、教代会、学代会等；

（四）其他便于公众及时、准确获取信息的方式。

第十一条　供餐企业（单位）、托餐（个人）应根据协议定期将学生营养改善相关信息，以书面报告形式报县级学生营养办和供餐学校，由县级政府统一公布。

第十二条　公民、法人或者其他组织可按相关要求和程序申请获取营养改善计划有关信息。

第十三条　地方各级政府应为公民、法人和其他组织申请公开信息提供方便。对能够当场答复的，当场予以答复；不能当场答复的，自收到申请之日起 15 个工作日内予以答复；不能答复的，依据实际情况，向申请人及时反馈。

第四章 附 则

第十四条 本办法由教育部、中宣部、国家发展改革委、监察部、财政部、农业部、卫生部、审计署、国家工商总局、国家质检总局、国家食品药品监管局、国务院食品安全委员会办公室、共青团中央、全国妇联、全国供销合作总社负责解释。

第十五条 各地应结合实际，制定具体实施办法。

第十六条 本办法自印发之日起施行。

农村义务教育学生营养改善计划
专项资金管理暂行办法

关于印发《农村义务教育学生营养改善计划
专项资金管理暂行办法》的通知

财教〔2012〕231号

各省、自治区、直辖市财政厅（局）、教育厅（教委），
新疆生产建设兵团财务局、教育局：

　　为保障全国农村义务教育学生营养改善计划实施，根据《国务院办公厅关于实施农村义务教育学生营养改善计划的意见》（国办发〔2011〕54号）精神，中央财政设立专项资金用于试点地区农村义务教育学生营养膳食补助。为加强和规范专项资金管理，财政部、教育部制定了《农村义务教育学生营养改善计划专项资金管理暂行办法》，现予印发，请遵照执行。

财政部　教育部
2012年7月24日

第一章　总　则

第一条　为加强和规范农村义务教育学生营养改善计划专项资金管理，提高资金使用效益，根据《国务院办公厅关于实施农村义务教育学生营养改善计划的意见》（国办发〔2011〕54号）和有关法律法规，制定本办法。

第二条　本办法适用于实施农村义务教育学生营养改善计划

（以下简称"营养改善计划"）国家试点地区和学校。

第三条 本办法所称的专项资金，是指中央财政为实施营养改善计划国家试点工作而安排用于学生营养膳食补助的经费。

第四条 专项资金的管理和使用，应当遵循"专款专用、公开透明、及时结算、年度平衡"的原则，确保资金使用安全、规范和有效。

第二章 资金安排

第五条 国家试点地区营养膳食补助按照国家规定的标准核定，所需资金由中央财政承担。

第六条 鼓励有条件的地方在国家试点地区以外开展营养改善计划地方试点工作（以下简称"地方试点"）。地方试点应当以贫困地区、民族地区、边疆地区、革命老区等为重点，所需资金由地方财政统筹安排。

对地方试点工作开展较好并取得一定成效的省份，中央财政给予奖励性补助。中央财政根据上一年度地方财政投入、组织管理、实施效果等因素核定当年奖励性补助资金，由地方财政统筹用于地方试点工作。

第七条 在实施营养改善计划的同时，继续落实农村义务教育家庭经济困难寄宿生生活费补助政策。实施营养改善计划的地区不得用专项资金抵减家庭经济困难寄宿生生活费补助资金。

第八条 中央财政在农村义务教育薄弱学校改造计划中专门安排食堂（伙房）建设资金，对中西部地区农村学校改善就餐条件进行补助，并向国家试点地区重点倾斜。

第九条 地方财政应当统筹农村义务教育薄弱学校改造计划、农村义务教育校舍维修改造长效机制和中西部农村初中校舍改造工程资金，结合地方财力，将学生食堂（伙房）列为重点建设内容，优先予以支持。

学校食堂（伙房）建设应当坚持"节俭、安全、卫生、实用"的原则，严禁铺张浪费、豪华建设。规模较小的学校，可以根据实际改造、配备伙房及相关设施，为学生在校就餐提供基本条件。

第十条 鼓励单位和个人捐资捐助，在地方人民政府统筹下，积极开展营养改善工作，并依法享受税收优惠。

第三章　资金拨付

第十一条 专项资金纳入国库管理，实行分账核算，集中支付。

第十二条 中央财政于每年 9 月 30 日前按照财政部提前通知转移支付指标的有关规定，以教育部核定的本年度纳入营养改善计划的学生人数为依据，向省级财政部门提前通知下一年度春季学期专项资金额度。

省级财政部门在收到专项资金提前通知额度后，应当在 25 个工作日内按财政资金拨付程序将资金分解下达到县级财政部门。

第十三条 每年 3 月 30 日前，省级教育部门会同财政部门向教育部和财政部汇总上报当年纳入营养改善计划的学生人数和上一年度专项资金结余情况。教育部对各地报送的学生人数进行审核，并于 4 月 30 日前提供给财政部。

财政部根据教育部提供的学生人数核定各省份当年专项资金预算数，并结合上一年度结余和提前通知额度情况，于 6 月 15 日前下发预算文件补足当年所需专项资金。

省级财政部门在收到专项资金预算文件后，应当在 25 个工作日内按财政资金拨付程序将资金分解下达到县级财政部门。

第十四条 县级财政部门收到省级财政部门下达的专项资金后，要制订周密的资金拨付计划，按照财政国库管理制度有关规定及时支付资金，确保营养改善计划国家试点工作顺利实施。

第四章 资金使用

第十五条 专项资金应当足额用于为营养改善计划国家试点地区农村义务教育阶段学生提供等值优质的食品，不得以现金形式直接发放给学生个人和家长，不得用于补贴教职工伙食和学校公用经费支出，不得用于劳务费、宣传费、运输费等工作经费，坚决杜绝各种形式的克扣、截留、挤占和挪用。

学校食堂（伙房）的水、电、煤、气等日常运行经费纳入学校公用经费开支。供餐增加的运营成本、学校食堂聘用人员开支等费用，由地方财政负担。

第十六条 专项资金结余应当滚动用于下一年度学生营养改善计划，不得挪作他用。

第十七条 各地应当因地制宜、科学确定供餐模式，并根据不同的供餐模式合理确定经费补助方式。

实行学校食堂（伙房）供餐的，由学校将专项资金直接存入受助学生不能变现和用于其他消费的个人就餐卡、发放餐券或直接提供就餐，并经学生本人或家长签字确认。

实行购买供餐服务的，由学校或相关单位依据采购合同及其履行情况，从专项资金中支付相应费用。

实行个人或家庭托餐的，由县级教育主管部门或学校与个人或家庭签订供餐协议，按照协议及履约情况，从专项资金中支付相应费用。

第十八条 专项资金使用中，属于政府采购范围的，应当严格按照政府采购有关规定执行。

第五章 资金管理与监督

第十九条 在营养改善计划实施中，各相关部门依据部门职责，分级管理，加强监督，确保专项资金使用效益。

第二十条 财政部门负责专项资金的预算安排、资金拨付、管理和监督。

财政部负责制定专项资金管理办法和有关制度，安排专项资金预算并按期拨付、及时公开，监督检查专项资金使用情况，对专项资金管理中的重大事项组织调研、核查和处理。

地方财政部门负责制定适合本地实际的专项资金管理办法和有关制度，及时分解下达专项资金并予公开，按照财政国库管理制度办理专项资金支付，会同有关部门和单位按规定实施政府采购，监督检查专项资金使用情况，对本地资金管理中的重大事项组织调研、核查和处理。

第二十一条 教育部门负责专项资金的预算编制、使用管理和监督检查。

教育部负责指导各地编制专项资金预算，建立健全营养改善计划实名制学生信息系统，审核汇总各地报送的学生人数、资金结余情况等基础数据，督导检查专项资金管理使用情况，参与制定专项资金管理办法和有关制度。

地方教育部门负责指导本地和学校编制专项资金预算和合理的用款计划，建立本地营养膳食补助实名制学生信息系统，监控学生人数、补助标准、受益人数等动态情况，对供餐单位或托餐家庭（个人）实行招投标管理，定期公布学生营养改善计划资金总量、学校名单及受益学生人次等信息，指导督促学校建立健全财务管理制度和专项资金管理办法。

第二十二条 学校负责专项资金日常使用管理。主要职责有：

（一）制定专项资金使用管理办法，建立健全内控制度；

（二）依法健全学校财务、会计制度，配备专（兼）职财会人员，加强对财会管理人员的培训；

（三）健全食堂（伙房）原料采购、入库贮存、领用加工等管理制度，加强食堂（伙房）会计核算；

（四）定期公布营养改善计划资金使用明细账目。

第二十三条　各级财政部门应当将专项资金管理使用情况列入重点监督检查范围，充分发挥财政监督检查部门和社会中介机构的作用，加强专项资金的监督检查。

各级教育部门应当将专项资金的使用管理纳入教育督导的重要内容，定期进行督导。

各学校应当强化内部监管，自觉接受外部监督。

第二十四条　各地应当定期公布学生营养改善计划资金总量、学校名单及受益学生人次等信息。

试点学校、供餐企业和托餐家庭应定期公布经费账目、配餐标准、带量食谱，以及用餐学生名单等信息，接受学生、家长和社会监督。

第二十五条　在专项资金管理和使用中，有违反财经法律法规的，按照《财政违法行为处罚处分条例》有关规定处理，依法追究相关单位和个人的责任；对情节严重涉嫌犯罪的，移交司法机关处理。

第六章　附　则

第二十六条　省级财政和教育部门可参照本办法，制定本地区营养改善计划资金管理办法。

第二十七条　本办法由财政部、教育部负责解释。

第二十八条　本办法自印发之日起施行。

关于做好农村义务教育学生营养改善计划餐饮服务食品安全监管工作的指导意见

国食药监食〔2012〕160号

有关省、自治区、直辖市及新疆生产建设兵团食品药品监督管理局：

为贯彻落实《国务院办公厅关于实施农村义务教育学生营养改善计划的意见》（国办发〔2011〕54号）和《教育部等十五部门关于印发〈农村义务教育学生营养改善计划实施细则〉等五个配套文件的通知》（教财〔2012〕2号）要求，指导各地切实做好农村义务教育学生营养改善计划（以下称营养改善计划）餐饮服务食品安全监管工作，确保广大学生饮食安全，提出以下指导意见：

一、高度重视实施营养改善计划餐饮服务食品安全监管工作

实施营养改善计划是一项重大民生工程，对提高广大农村学生的身体素质具有重要意义。全面做好营养改善计划餐饮服务食品安全监管工作是实施营养改善计划的一项重要内容，是餐饮服务食品安全监管工作的重中之重。营养改善计划涉及22个省（区、市）、688个县、82000多所农村义务制学校。这些学校的食堂往往基础薄弱，设备设施简陋，从业人员素质较低，食品安全隐患较多。有关地区食品药品监管部门要充分认识实施营养改善计划餐饮服务食品安全监管工作的重要性、紧迫性、艰巨性和长期性，把营养改善计划餐饮服务食品安全监管工作作为当前和今后一个相当长时期的工作重点，在当地政府的统一领导下，按照"政府负责、部门协同、分级管理、以县为主"的原则，认真履行餐饮服务食品安全监管职责，由主要领导抓总负责，抓紧制定实施方案，及时动员部署，采取更加有效的措施，将餐饮服务食品安全责任落实到位，确保广大学生饮食安全。

二、全面摸底排查学校食堂食品安全隐患

有关地区食品药品监管部门要与教育行政部门密切配合，抓紧对辖区内实施营养改善计划的学校食堂食品安全状况开展全面排查，摸清底数，并建立监管信用档案。对未办理餐饮服务许可的学校食堂，要责令立即停止供餐，督促其尽快办理；对达不到要求的学校食堂，要责令其立即整改；对新建、改建的食堂，要加强设计施工过程中的技术指导，使新建、改建食堂符合餐饮服务许可要求。食品药品监管部门要及时将排查情况上报当地政府和上级主管部门。

三、严格确定供餐模式准入条件

有关地区食品药品监管部门要会同教育、农业、质监、工商等部门，依据《餐饮服务许可管理办法》、《餐饮服务许可审查规范》等餐饮服务食品安全监管制度，紧密结合当地实际，制定供餐企业、托餐家庭等不同供餐模式的准入办法，严把营养改善计划的供餐准入关。在确定供餐模式上，要严格遵循安全第一的原则，将食品安全保障能力作为首要条件，坚持以学校食堂供餐为主，校外餐饮服务单位供餐模式为辅，严格限制家庭托餐准入。建议各地加快学校食堂建设与改造，逐步以学校食堂供餐替代校外供餐。学校食堂依法取得餐饮服务许可的，方可为学生供餐；为学校供餐的校外餐饮服务单位，必须依法取得餐饮服务许可，严格执行《餐饮服务食品安全操作规范》，并经相关部门审核后，方可为学生供餐；托餐家庭应当具备保障餐饮服务食品安全的基本条件，符合托餐家庭准入要求并经相关部门审核。

四、强化餐饮服务食品安全监督检查

有关地区食品药品监管部门要会同教育、农业、质监、工商等部门，按照职责分工，与学校食堂、供餐企业和托餐家庭签订餐饮服务食品安全责任书，进一步明确主体责任。紧密结合餐饮服务食品安全工作重点，对实施营养改善计划的学校食堂、供餐企业和托餐家庭开展监督检查和监督抽检,重点检查餐饮服务许可、管理制度落实、从业人员健康检查与培训、设施设备配置、原料采购、加工制作、餐用具清洗消毒和分餐配送等重要环节。要加强对实施营养改善计划学校食堂的监管,落实以校长为第一责任人的学校食堂食品安全责任制。凡是未办理餐饮服务许可的食堂,一律立即停止供餐;凡是餐饮服务食品安全管理制度不落实的,一律责令限期整改;凡是存在违法违规行为的,一律从严从重惩处;凡是存在较大安全隐患,可能导致发生食品安全事故的,建议地方政府取消其供餐资格。

有关地区食品药品监管部门要加大对实施营养改善计划学校食堂、供餐企业和托餐家庭的监督检查和监督量化等级的评定工作频次,严格落实监督检查结果报告、通报制度和公示制度,及时将监督检查结果上报当地政府,通报教育行政部门,如实报告、通报存在的问题,并提出解决建议。督促学校充分利用农村中小学校舍改造的契机,加大农村学校食堂食品安全保障设施设备投入,切实改善学校食堂的供餐条件,达到餐饮服务许可的标准和要求。

五、全面开展餐饮服务食品安全知识培训

有关地区食品药品监管部门要在当地政府的统一领导下,按照《关于印发全国餐饮服务食品安全宣传教育纲要(2011—2015)的通知》(国食药监食〔2010〕477号)、《关于印发餐饮服务单位食品安全管理人员培训管理办法的通知》(国食药监食〔2011〕211号)的要求,与教育行政部门共同做好实施营养改善计划餐饮服务食品安全培训工作。要抓紧制定培训方案,对实施营养改善计划的中小学校长、食堂负责人、从业人员以及供餐企业、托餐家庭相关人员进行全面培训,重点培训餐饮服务食品安全和实施营养改善计划的有关规章制度,以及食物中毒防控等食品安全科普知识,进一步提高从业人员食品安全意识和食品安全风险防控能力,确保营养改善计划顺利实施。

六、加强对基层监管部门督查指导和考核评价

有关地区食品药品监管部门要按照划片包干、责任到人的方式，对辖区内实施营养改善计划的县级监管部门实施督查指导，及时发现问题，及时解决问题，及时总结先进经验，及时宣传推广。要将实施营养改善计划餐饮服务食品安全监管工作纳入绩效考核内容，强化对基层监管部门餐饮服务食品安全监管工作的考核与评价。建立营养改善计划餐饮服务食品安全责任追究制度，对疏于监管，导致重大食品安全事故，或发生食品安全事故后迟报、漏报、瞒报造成严重不良后果的，依法追究相应责任人责任。

国家食品药品监督管理局

二〇一二年六月二十一日

全国普法学习读本

★ ★ ★ ★ ★

基础教育法律法规学习读本

教育管理监督法律法规

叶浦芳　主编

加大全民普法力度，建设社会主义法治文化，树立宪法法律至上、法律面前人人平等的法治理念。

——中国共产党第十九次全国代表大会《决胜全面建成小康社会　夺取新时代中国特色社会主义伟大胜利》

汕头大学出版社

图书在版编目（CIP）数据

教育管理监督法律法规／叶浦芳主编 . -- 汕头：
汕头大学出版社，2023.4（重印）

（基础教育法律法规学习读本）

ISBN 978-7-5658-3324-3

Ⅰ. ①教… Ⅱ. ①叶… Ⅲ. ①基础教育-教育法-中
国-学习参考资料 Ⅳ. ①D922.164

中国版本图书馆 CIP 数据核字（2018）第 000745 号

教育管理监督法律法规　　JIAOYU GUANLI JIANDU FALÜ FAGUI

主　　编：叶浦芳
责任编辑：汪艳蕾
责任技编：黄东生
封面设计：大华文苑
出版发行：汕头大学出版社
　　　　　广东省汕头市大学路 243 号汕头大学校园内　邮政编码：515063
电　　话：0754-82904613
印　　刷：三河市元兴印务有限公司
开　　本：690mm×960mm 1/16
印　　张：18
字　　数：226 千字
版　　次：2018 年 1 月第 1 版
印　　次：2023 年 4 月第 2 次印刷
定　　价：59.60 元（全 2 册）
ISBN 978-7-5658-3324-3

前　言

习近平总书记指出："推进全民守法，必须着力增强全民法治观念。要坚持把全民普法和守法作为依法治国的长期基础性工作，采取有力措施加强法制宣传教育。要坚持法治教育从娃娃抓起，把法治教育纳入国民教育体系和精神文明创建内容，由易到难、循序渐进不断增强青少年的规则意识。要健全公民和组织守法信用记录，完善守法诚信褒奖机制和违法失信行为惩戒机制，形成守法光荣、违法可耻的社会氛围，使遵法守法成为全体人民共同追求和自觉行动。"

中共中央、国务院曾经转发了中央宣传部、司法部关于在公民中开展法治宣传教育的规划，并发出通知，要求各地区各部门结合实际认真贯彻执行。通知指出，全民普法和守法是依法治国的长期基础性工作。深入开展法治宣传教育，是全面建成小康社会和新农村的重要保障。

普法规划指出：各地区各部门要根据实际需要，从不同群体的特点出发，因地制宜开展有特色的法治宣传教育坚持集中法治宣传教育与经常性法治宣传教育相结合，深化法律进机关、进乡村、进社区、进学校、进企业、进单位的"法律六进"主题活动，完善工作标准，建立长效机制。

特别是农业、农村和农民问题，始终是关系党和人民事业发展的全局性和根本性问题。党中央、国务院发布的《关于推进社会主义新农村建设的若干意见》中明确提出要"加强农村法制建设，深入开展农村普法教育，增强农民的法制观念，提高农民依法行使权利和履行义务的自觉性。"多年普法实践证明，普及法律知识，提高法制观念，增强全社会依法办事意识具有重要作用。特别是在广大农村进行普法教育，是提高全民法律素质的需要。

多年来，我国在农村实行的改革开放取得了极大成功，农村发生了翻天覆地的变化，广大农民生活水平大大得到了提高。但是，由于历史和社会等原因，现阶段我国一些地区农民文化素质还不高，不学法、不懂法、不守法现象虽然较原来有所改变，但仍有相当一部分群众的法制观念仍很淡化，不懂、不愿借助法律来保护自身权益，这就极易受到不法的侵害，或极易进行违法犯罪活动，严重阻碍了全面建成小康社会和新农村步伐。

为此，根据党和政府的指示精神以及普法规划，特别是根据广大农村农民的现状，在有关部门和专家的指导下，特别编辑了这套《全国普法学习读本》。主要包括了广大人民群众应知应懂、实际实用的法律法规。为了辅导学习，附录还收入了相应法律法规的条例准则、实施细则、解读解答、案例分析等；同时为了突出法律法规的实际实用特点，兼顾地方性和特殊性，附录还收入了部分某些地方性法律法规以及非法律法规的政策文件、管理制度、应用表格等内容，拓展了本书的知识范围，使法律法规更"接地气"，便于读者学习掌握和实际应用。

在众多法律法规中，我们通过甄别，淘汰了废止的，精选了最新的、权威的和全面的。但有部分法律法规有些条款不适应当下情况了，却没有颁布新的，我们又不能擅自改动，只得保留原有条款，但附录却有相应的补充修改意见或通知等。众多法律法规根据不同内容和受众特点，经过归类组合，优化配套。整套普法读本非常全面系统，具有很强的学习性、实用性和指导性，非常适合用于广大农村和城乡普法学习教育与实践指导。总之，是全国全民普法的良好读本。

目　　录

教育督导条例

督学管理暂行办法

国家公派出国留学研究生管理规定（试行）

学校招收和培养国际学生管理办法

教育督导条例

中华人民共和国国务院令

第 624 号

《教育督导条例》已经 2012 年 8 月 29 日国务院第215 次常务会议通过，现予公布，自 2012 年 10 月 1 日起施行。

总理 温家宝

2012 年 9 月 9 日

第一章 总 则

第一条 为了保证教育法律、法规、规章和国家教育方针、政策的贯彻执行，实施素质教育，提高教育质量，促进教育公平，推动教育事业科学发展，制定本条例。

第二条 对法律、法规规定范围的各级各类教育实施教育督导，适用本条例。

教育督导包括以下内容：

（一）县级以上人民政府对下级人民政府落实教育法律、法规、规章和国家教育方针、政策的督导；

（二）县级以上地方人民政府对本行政区域内的学校和其他教育机构（以下统称学校）教育教学工作的督导。

第三条 实施教育督导应当坚持以下原则：

（一）以提高教育教学质量为中心；

（二）遵循教育规律；

（三）遵守教育法律、法规、规章和国家教育方针、政策的规定；

（四）对政府履行教育工作相关职责的督导与对学校教育教学工作的督导并重，监督与指导并重；

（五）实事求是、客观公正。

第四条 国务院教育督导机构承担全国的教育督导实施工作，制定教育督导的基本准则，指导地方教育督导工作。

县级以上地方人民政府负责教育督导的机构承担本行政区域的教育督导实施工作。

国务院教育督导机构和县级以上地方人民政府负责教育督导的机构（以下统称教育督导机构）在本级人民政府领导下独立行使督导职能。

第五条 县级以上人民政府应当将教育督导经费列入财政预算。

第二章 督　学

第六条 国家实行督学制度。

县级以上人民政府根据教育督导工作需要，为教育督导机构配备专职督学。教育督导机构可以根据教育督导工作需要聘任兼职督学。

兼职督学的任期为 3 年，可以连续任职，连续任职不得超过 3 个任期。

第七条 督学应当符合下列条件：

（一）坚持党的基本路线，热爱社会主义教育事业；

（二）熟悉教育法律、法规、规章和国家教育方针、政策，具有相应的专业知识和业务能力；

（三）坚持原则，办事公道，品行端正，廉洁自律；

（四）具有大学本科以上学历，从事教育管理、教学或者教育研究工作 10 年以上，工作实绩突出；

（五）具有较强的组织协调能力和表达能力；

（六）身体健康，能胜任教育督导工作。

符合前款规定条件的人员经教育督导机构考核合格，可以由县级以上人民政府任命为督学，或者由教育督导机构聘任为督学。

第八条 督学受教育督导机构的指派实施教育督导。

教育督导机构应当加强对督学实施教育督导活动的管理，对其履行督学职责的情况进行考核。

第九条 督学实施教育督导，应当客观公正地反映实际情况，不得隐瞒或者虚构事实。

第十条 实施督导的督学是被督导单位主要负责人的近亲属或者有其他可能影响客观公正实施教育督导情形的，应当回避。

第三章 督导的实施

第十一条 教育督导机构对下列事项实施教育督导：

（一）学校实施素质教育的情况，教育教学水平、教育教学管理等教育教学工作情况；

（二）校长队伍建设情况，教师资格、职务、聘任等管理制度建设和执行情况，招生、学籍等管理情况和教育质量，学校的安全、卫生制度建设和执行情况，校舍的安全情况，教学和生活设施、设备的配备和使用等教育条件的保障情况，教育投入的管理和使用情况；

（三）义务教育普及水平和均衡发展情况，各级各类教育的规划布局、协调发展等情况；

（四）法律、法规、规章和国家教育政策规定的其他事项。

第十二条　教育督导机构实施教育督导，可以行使下列职权：

（一）查阅、复制财务账目和与督导事项有关的其他文件、资料；

（二）要求被督导单位就督导事项有关问题作出说明；

（三）就督导事项有关问题开展调查；

（四）向有关人民政府或者主管部门提出对被督导单位或者其相关负责人给予奖惩的建议。

被督导单位及其工作人员对教育督导机构依法实施的教育督导应当积极配合，不得拒绝和阻挠。

第十三条　县级人民政府负责教育督导的机构应当根据本行政区域内的学校布局设立教育督导责任区，指派督学对责任区内学校的教育教学工作实施经常性督导。

教育督导机构根据教育发展需要或者本级人民政府的要求，可以就本条例第十一条规定的一项或者几项事项对被督导单位实施专项督导，也可以就本条例第十一条规定的所有事项对被督导单位实施综合督导。

第十四条 督学对责任区内学校实施经常性督导每学期不得少于 2 次。

县级以上人民政府对下一级人民政府应当每 5 年至少实施一次专项督导或者综合督导；县级人民政府负责教育督导的机构对本行政区域内的学校，应当每 3 至 5 年实施一次综合督导。

第十五条 经常性督导结束，督学应当向教育督导机构提交报告；发现违法违规办学行为或者危及师生生命安全的隐患，应当及时督促学校和相关部门处理。

第十六条 教育督导机构实施专项督导或者综合督导，应当事先确定督导事项，成立督导小组。督导小组由 3 名以上督学组成。

教育督导机构可以根据需要联合有关部门实施专项督导或者综合督导，也可以聘请相关专业人员参加专项督导或者综合督导活动。

第十七条 教育督导机构实施专项督导或者综合督导，应当事先向被督导单位发出书面督导通知。

第十八条 教育督导机构可以要求被督导单位组织自评。被督导单位应当按照要求进行自评，并将自评报告报送教育督导机构。督导小组应当审核被督导单位的自评报告。

督导小组应当对被督导单位进行现场考察。

第十九条 教育督导机构实施专项督导或者综合督导，应当征求公众对被督导单位的意见，并采取召开座谈会或者其他形式专门听取学生及其家长和教师的意见。

第二十条 督导小组应当对被督导单位的自评报告、现场考察情况和公众的意见进行评议，形成初步督导意见。

督导小组应当向被督导单位反馈初步督导意见；被督导单位

可以进行申辩。

第二十一条 教育督导机构应当根据督导小组的初步督导意见，综合分析被督导单位的申辩意见，向被督导单位发出督导意见书。

督导意见书应当就督导事项对被督导单位作出客观公正的评价；对存在的问题，应当提出限期整改要求和建议。

第二十二条 被督导单位应当根据督导意见书进行整改，并将整改情况报告教育督导机构。

教育督导机构应当对被督导单位的整改情况进行核查。

第二十三条 专项督导或者综合督导结束，教育督导机构应当向本级人民政府提交督导报告；县级以上地方人民政府负责教育督导的机构还应当将督导报告报上一级人民政府教育督导机构备案。

督导报告应当向社会公布。

第二十四条 县级以上人民政府或者有关主管部门应当将督导报告作为对被督导单位及其主要负责人进行考核、奖惩的重要依据。

第四章 法律责任

第二十五条 被督导单位及其工作人员有下列情形之一的，由教育督导机构通报批评并责令其改正；拒不改正或者情节严重的，对直接负责的主管人员和其他责任人员，由教育督导机构向有关人民政府或者主管部门提出给予处分的建议：

（一）拒绝、阻挠教育督导机构或者督学依法实施教育督导的；

（二）隐瞒实情、弄虚作假，欺骗教育督导机构或者督学的；

（三）未根据督导意见书进行整改并将整改情况报告教育督导机构的；

（四）打击报复督学的；

（五）有其他严重妨碍教育督导机构或者督学依法履行职责情形的。

第二十六条　督学或者教育督导机构工作人员有下列情形之一的，由教育督导机构给予批评教育；情节严重的，依法给予处分，对督学还应当取消任命或者聘任；构成犯罪的，依法追究刑事责任：

（一）玩忽职守，贻误督导工作的；

（二）弄虚作假，徇私舞弊，影响督导结果公正的；

（三）滥用职权，干扰被督导单位正常工作的。

督学违反本条例第十条规定，应当回避而未回避的，由教育督导机构给予批评教育。

督学违反本条例第十五条规定，发现违法违规办学行为或者危及师生生命安全隐患而未及时督促学校和相关部门处理的，由教育督导机构给予批评教育；情节严重的，依法给予处分，取消任命或者聘任；构成犯罪的，依法追究刑事责任。

第五章　附　则

第二十七条　本条例自 2012 年 10 月 1 日起施行。

附 录

县域义务教育优质均衡发展督导评估办法

教育部关于印发
《县域义务教育优质均衡发展督导评估办法》的通知
教督〔2017〕6号

各省、自治区、直辖市教育厅（教委）、教育督导机构，新疆生产建设兵团教育局、教育督导机构：

为贯彻落实《中华人民共和国义务教育法》《国家中长期教育改革和发展规划纲要（2010—2020年）》《国务院关于深入推进义务教育均衡发展的意见》（国发〔2012〕48号）和《国务院关于统筹推进县域内城乡义务教育一体化改革发展的若干意见》（国发〔2016〕40号），巩固义务教育基本均衡发展成果，引导各地将义务教育均衡发展向着更高水平推进，全面提高义务教育质量，经国务院教育督导委员会同意，决定建立县域义务教育优质均衡发展督导评估制度，开展义务教育优质均衡发展县（市、区）督导评估认定工作。为此，制定了《县域义务教育优质均衡发展督导评估办法》，现印发给你们，请按照本办法要求，积极开展对

本行政区域内义务教育优质均衡发展县（市、区）的
督导评估工作。

教育部

2017 年 4 月 19 日

第一章 总 则

第一条 为巩固义务教育基本均衡发展成果，进一步缩小义务教育城乡、校际差距，整体提高义务教育标准化建设水平和教育质量，根据《中华人民共和国义务教育法》《国家中长期教育改革和发展规划纲要（2010—2020 年）》《国务院关于深入推进义务教育均衡发展的意见》和《国务院关于统筹推进县域内城乡义务教育一体化改革发展的若干意见》，决定开展县域义务教育优质均衡发展督导评估认定工作。为此，制定本办法。

第二条 县域义务教育优质均衡发展督导评估认定的对象是县（含不设区的市、市辖区和国家划定的其他县级行政区划单位，以下统称县）。

第三条 对义务教育优质均衡发展县的督导评估认定，坚持"依法实施、保障公平、注重质量、社会认可"的原则。

第四条 义务教育优质均衡发展县应具备以下基本条件：通过国家义务教育基本均衡发展认定三年以上；基本均衡发展认定后年度监测持续保持较高水平。

第二章 评估内容与标准

第五条 县域义务教育优质均衡发展督导评估认定，包括资源配置、政府保障程度、教育质量、社会认可度四个方面内容。

第六条 资源配置评估通过以下 7 项指标，重点评估县域义务教育学校在教师、校舍、仪器设备等方面的配置水平，同时评估这些指标的校际均衡情况。具体包括：

（一）每百名学生拥有高于规定学历教师数：小学、初中分别达到 4.2 人以上、5.3 人以上；

（二）每百名学生拥有县级以上骨干教师数：小学、初中均达到 1 人以上；

（三）每百名学生拥有体育、艺术（美术、音乐）专任教师数：小学、初中均达到 0.9 人以上；

（四）生均教学及辅助用房面积：小学、初中分别达到 4.5 平方米以上、5.8 平方米以上；

（五）生均体育运动场馆面积：小学、初中分别达到 7.5 平方米以上、10.2 平方米以上；

（六）生均教学仪器设备值：小学、初中分别达到 2000 元以上、2500 元以上；

（七）每百名学生拥有网络多媒体教室数：小学、初中分别达到 2.3 间以上、2.4 间以上。

每所学校至少 6 项指标达到上述要求，余项不能低于要求的 85%；所有指标校际差异系数，小学均小于或等于 0.50，初中均小于或等于 0.45。

第七条 政府保障程度评估通过以下 15 项指标，重点评估县级人民政府依法履职，落实国家有关法律、法规、政策要求，推进义务教育均衡发展和城乡一体化的工作成效。具体包括：

（一）县域内义务教育学校规划布局合理，符合国家规定要求；

（二）县域内城乡义务教育学校建设标准统一、教师编制标准

统一、生均公用经费基准定额统一、基本装备配置标准统一;

（三）所有小学、初中每 12 个班级配备音乐、美术专用教室 1 间以上;其中,每间音乐专用教室面积不小于 96 平方米,每间美术专用教室面积不小于 90 平方米;

（四）所有小学、初中规模不超过 2000 人,九年一贯制学校、十二年一贯制学校义务教育阶段规模不超过 2500 人;

（五）小学、初中所有班级学生数分别不超过 45 人、50 人;

（六）不足 100 名学生村小学和教学点按 100 名学生核定公用经费;

（七）特殊教育学校生均公用经费不低于 6000 元;

（八）全县义务教育学校教师平均工资收入水平不低于当地公务员平均工资收入水平,按规定足额核定教师绩效工资总量;

（九）教师 5 年 360 学时培训完成率达到 100%;

（十）县级教育行政部门在核定的教职工编制总额和岗位总量内,统筹分配各校教职工编制和岗位数量;

（十一）全县每年交流轮岗教师的比例不低于符合交流条件教师总数的 10%;其中,骨干教师不低于交流轮岗教师总数的 20%;

（十二）专任教师持有教师资格证上岗率达到 100%;

（十三）城区和镇区公办小学、初中（均不含寄宿制学校）就近划片入学比例分别达到 100%、95% 以上;

（十四）全县优质高中招生名额分配比例不低于 50%,并向农村初中倾斜;

（十五）留守儿童关爱体系健全,全县符合条件的随迁子女在公办学校和政府购买服务的民办学校就读的比例不低于 85%。

以上 15 项指标均要达到要求。

第八条　教育质量评估通过以下 9 项指标,重点评估县域义务教育普及程度、学校管理水平、学生学业质量、综合素质发展水平。具体包括：

（一）全县初中三年巩固率达到95%以上；

（二）全县残疾儿童少年入学率达到95%以上；

（三）所有学校制定章程，实现学校管理与教学信息化；

（四）全县所有学校按照不低于学校年度公用经费预算总额的5%安排教师培训经费；

（五）教师能熟练运用信息化手段组织教学，设施设备利用率达到较高水平；

（六）所有学校德育工作、校园文化建设水平达到良好以上；

（七）课程开齐开足，教学秩序规范，综合实践活动有效开展；

（八）无过重课业负担；

（九）在国家义务教育质量监测中，相关科目学生学业水平达到Ⅲ级以上，且校际差异率低于0.15。

以上9项指标均要达到要求。

第九条 社会认可度调查的内容包括：县级人民政府及有关职能部门落实教育公平政策、推动优质资源共享，以及义务教育学校规范办学行为、实施素质教育、考试评估制度改革、提高教育质量等方面取得的成效。社会认可度调查的对象包括：学生、家长、教师、校长、人大代表、政协委员及其他群众。

社会认可度达到85%以上。

第十条 有以下情况之一的县不予认定：存在以考试方式招生；存在违规择校行为；存在重点学校或重点班；存在"有编不补"或长期聘用编外教师的情况；教育系统存在重大安全责任事故和严重违纪违规事件；有弄虚作假行为。

第三章 评估程序

第十一条 县级人民政府对本县义务教育优质均衡发展状况进行自评。自评达到要求的，报地市级复核后，向省级提出评估申请。

第十二条 省级教育督导机构对申请评估认定的县进行督导评估。评估前向社会公告，评估结果向社会公布，接受社会监督。通过省级督导评估的县，由各省（区、市）报送教育部申请审核认定。

第十三条 教育部对各省（区、市）报送的申请及相关材料进行审核，并根据需要组织实地检查。

教育部将根据审核结果，提请国务院教育督导委员会对义务教育优质均衡发展县进行认定并予以公布。

第十四条 教育部建立义务教育优质均衡发展监测和复查制度，对全国县域义务教育优质均衡发展状况进行监测，对已通过认定的县进行复查。

各省（区、市）教育督导机构建立义务教育均衡发展监测和复查制度，对通过国家认定的义务教育优质均衡发展县进行监测和复查。

第四章 评估结果

第十五条 县域义务教育优质均衡发展评估结果，是上级人民政府对县级人民政府及其主要负责人履行教育职责评价和教育发展水平综合评估的重要依据。

第十六条 各省（区、市）人民政府对本区域内实现义务教育优质均衡发展的县给予表彰，并对其工作经验进行宣传推广。

第十七条 对义务教育优质均衡发展水平监测复查结果达不到规定要求的县，由教育部报国务院教育督导委员会，根据相关规定进行问责；对连续两年下滑的县，将撤消其"义务教育优质均衡发展县"称号。

第五章 附 则

第十八条 本办法自公布之日起施行。

附件：《县域义务教育优质均衡发展督导评估办法》有关内容说明（略）

学前教育督导评估暂行办法

教育部关于印发《学前教育督导评估暂行办法》的通知

教督〔2012〕5号

各省、自治区、直辖市教育厅（教委），新疆生产建设兵团教育局：

为贯彻落实《国家中长期教育改革和发展规划纲要(2010—2020年)》和《国务院关于当前发展学前教育的若干意见》（国发〔2010〕41号）精神，进一步推动各地学前教育三年行动计划的实施，我部研究制定了《学前教育督导评估暂行办法》，现印发给你们。请各地根据本办法要求，结合本地实际情况，制订本省（区、市）学前教育督导评估实施方案，做好督导评估工作。

从2012年开始，每年7月31日以前，请各省（区、市）将《学前教育发展状况监测统计表》、《学前教育督导评估自评报告单》一式三份报送国家教育督导团，同时报送电子版。

中华人民共和国教育部

二○一二年二月十二日

第一章 总　则

第一条　为促进地方人民政府及相关部门切实履行发展学前教育的职责，全面实施学前教育三年行动计划，有效缓解"入园难"问题,满足适龄儿童入园需求,推进学前教育事业加快发展,特制定本办法。

第二条 依据国家有关教育法律法规和《国家中长期教育改革和发展规划纲要(2010—2020年)》、《国务院关于当前发展学前教育的若干意见》(国发〔2010〕41号),重点对实施学前教育三年行动计划的情况进行督导评估。

第三条 督导评估工作由国家教育督导团组织实施。

第四条 督导评估对象为地方人民政府。

第五条 督导评估的原则:

(一)发展性原则。坚持运用发展性教育评估理念,对省域学前教育发展过程和进步程度实施监测与评估。

(二)激励性原则。坚持以评促建、以评促改,切实调动地方人民政府落实学前教育三年行动计划的积极性、主动性和创造性。

(三)客观性原则。坚持教育督导评估的公平、公正、公开,突出教育督导评估内容的真实性和评估结果的可靠性。

(四)实效性原则。坚持从实际出发,重在督导评估政府的努力程度、职责到位、工作落实的情况以及学前教育发展的实际效果。

第二章 督导评估内容与形式

第六条 督导评估主要内容:

(一)落实政府责任和部门职责,完善管理体制,健全工作机制,建立督促检查、考核奖惩和问责机制等方面的情况。

(二)加大学前教育经费投入,落实各项财政支持政策,构建学前教育公共服务体系等方面的情况。

（三）多种形式扩大学前教育资源，大力发展公办幼儿园，积极扶持民办幼儿园，扩大普惠性学前教育资源等方面的情况。

（四）加强幼儿教师队伍建设，核定并保证公办幼儿园教职工编制，落实并提高幼儿教师待遇，加强幼儿教师培养培训等方面的情况。

（五）规范学前教育管理，有效解决"小学化"倾向和问题等方面的情况。

（六）提高学前教育发展水平，缓解"入园难"问题及社会公众对当地学前教育满意程度等方面的情况。

以上具体督导评估指标体系及分值见附1。

第七条 省级要建立学前教育发展督导评估与年度监测制度。省级人民政府教育督导机构负责每年对所辖市（地）、县学前教育发展状况进行监测统计，并组织对所辖市（地）、县人民政府落实学前教育三年行动计划情况进行督导检查。

第八条 省级人民政府教育督导机构负责每年汇总所辖市（地）、县学前教育发展情况监测统计结果，填写本省（区、市）《学前教育发展状况监测统计表》（见附2），并结合当年对所辖市（地）、县学前教育督导检查情况，填写本省（区、市）《学前教育督导评估自评报告单》（见附3）。

第九条 国家教育督导团对各省（区、市）每年报送的《学前教育发展状况监测统计表》和《学前教育督导评估自评报告单》进行综合分析，并撰写全国学前教育发展情况年度监测报告。

第十条 国家教育督导团定期对省（区、市）学前教育三年行动计划实施情况进行督导检查，并结合年度监测结果，对各省（区、市）学前教育发展状况进行综合分析，发布全国学前教育督导报告。

第三章 表彰与问责

第十一条 各省（区、市）要建立学前教育工作表彰与问责机制。把学前教育督导评估和监测结果作为评价政府教育工作成效的重要内容，并作为表彰发展学前教育成绩突出地区的重要依据。

第十二条 建立学前教育督导评估结果通报和公布制度。地方人民政府教育督导机构要向本级人民政府报告督导评估与监测结果，并向社会公布。

第四章 附 则

第十三条 本办法自公布之日起施行。

附件：1. 学前教育督导评估指标体系（略）

2. 学前教育发展状况监测统计表（略）

3. 学前教育督导评估自评报告单（略）

幼儿园办园行为督导评估办法

教育部关于印发《幼儿园办园行为督导评估办法》的通知

教督〔2017〕7号

各省、自治区、直辖市教育厅（教委）、教育督导机构，新疆生产建设兵团教育局、教育督导机构：

为完善幼儿园督导评估制度，推动各地加强和改进对幼儿园的监管，促进幼儿园规范办园行为，保障幼儿身心健康、快乐成长，根据《教育督导条例》《幼儿园工作规程》等，经国务院教育督导委员会同意，制定了《幼儿园办园行为督导评估办法》，现印发给你们，请结合实际贯彻执行。

教育部

2017 年 4 月 18 日

第一章 总 则

第一条 为建立和完善幼儿园督导评估制度，推动各地加强和改进对幼儿园的管理，促进幼儿园规范办园行为，保障幼儿身心健康、快乐成长，依据《教育督导条例》，制定本办法。

第二条 开展幼儿园督导评估应遵循以下原则：

（一）以评促建。推动各地加强对薄弱幼儿园的指导和监督管理，引导幼儿园遵循幼儿身心发展特点和规律，加强自身建设，提高保育与教育质量。

（二）客观公正。以幼儿园实际情况为依据，督导评估程序透明，结果公开，接受社会监督。

（三）注重实效。强化督导评估结果运用，为幼儿园提供指导和帮助，为决策提供依据和建议。

第三条 本办法适用于教育督导机构对面向3—6岁儿童提供保育教育服务的幼儿园（班、点）实施的督导评估。督导评估应以薄弱幼儿园为重点。

第四条 督导评估周期为3—5年。在一个周期内，县级教育督导机构按属地原则对辖区内幼儿园（班、点）至少进行一次督导评估。

第二章 督导评估内容与方式

第五条 督导评估以《幼儿园工作规程》为基本依据，内容重点包括办园条件、安全卫生、保育教育、教职工队伍、内部管理等五个方面。

（一）办园条件：主要考察幼儿园办园资质、办园经费、规模与班额、园舍与场地、设备设施、玩教具材料和图书等情况。

（二）安全卫生：主要考察幼儿园安全和卫生制度、膳食营养、卫生消毒、健康检查、疾病防控、安全教育、安全风险管控、校车及使用情况等。

（三）保育教育：主要考察幼儿园教育理念与目标、教育内容与形式、教育计划与方案、活动组织实施、师幼关系等情况。

（四）教职工队伍：主要考察幼儿园园长、教师、保育员、卫生保健人员、炊事员和其他工作人员的数量及资格资质，教职工专业成长，师德师风建设和权益保障等情况。

（五）内部管理：主要考察幼儿园组织机构、管理机制、经费管理与使用、招生、家长参与幼儿园管理等情况。

第六条　督导评估的方式主要是现场观察、问卷调查、座谈访谈、资料查阅和数据统计等。

第三章　督导评估组织实施

第七条　督导评估工作由教育督导机构组织实施。

第八条　县级教育督导机构按照评估周期制定本县（市、区、旗）幼儿园办园行为督导评估工作计划，指导幼儿园进行自评，并对幼儿园办园行为实施督导评估，具体程序如下：

（一）印发督导评估通知。教育督导机构向幼儿园发出书面督导评估通知，并向社会公示。

（二）幼儿园自评。幼儿园在接到督导评估通知后，按要求开展自评，并将自评报告报教育督导机构。

（三）实地督导。教育督导机构成立督导组，对幼儿园自评报告进行审核，并对幼儿园办园行为进行实地督导评估。

（四）结果反馈。督导评估结束时，督导组向幼儿园口头反馈督导评估意见，并听取幼儿园的说明和申辩。教育督导机构根据督导组报告、幼儿园自评报告和社会公众意见，形成督导意见书，发送幼儿园。

（五）幼儿园整改。幼儿园根据督导意见书，采取措施进行整改，并按要求将整改情况报教育督导机构。

（六）复查。教育督导机构督促指导幼儿园进行整改，必要时进行复查。

县级教育督导机构根据幼儿园督导评估情况，形成督导评估报告，并上报市级教育督导机构。

第九条　市级教育督导机构对所辖县（市、区、旗）幼儿园办园行为督导评估工作情况进行监督和指导，督促县级政府及有关部门及时研究解决幼儿园办园存在的困难和问题。督促县级有关部门加强对无证幼儿园的监管和分类治理，经整改后达到相应标准的颁发许可证，整改后仍未达到保障幼儿安全、健康等基本要求的予以取缔。汇总全市（地、州、盟）幼儿园办园行为督导评估工作情况，形成市级幼儿园办园行为督导评估报告，并报省级教育督导机构。

第十条　省级教育督导机构根据本办法制定本省（区、市）《幼儿园办园行为督导评估实施方案》，对全省（区、市）幼儿园督导评估工作进行抽查，督促市、县两级教育督导机构按要求开展督导评估工作。汇总全省（区、市）幼儿园督导评估工作情况，形成省级幼儿园办园行为督导评估报告，并报国务院教育督导委员会办公室。

第十一条　国务院教育督导委员会办公室组织国家督学和专家，采用随机抽取督查对象、随机选派督查人员的"双随机"方式对部分省（区、市）幼儿园办园行为督导评估工作情况进行专项督导。

国务院教育督导委员会办公室根据专项督导情况、省级幼儿园办园行为督导评估报告和相关数据信息形成国家督导评估报告。

第十二条　各地可以引入有资质的第三方机构参与评估。

第四章　督导评估结果运用

第十三条　各级教育督导机构将幼儿园办园行为督导评估报告向社会发布，接受社会监督。

第十四条　地方各级教育督导机构要将督导评估报告报送本级人民政府，作为制定学前教育政策、加强幼儿园管理的依据。

第十五条　各地依据本办法，对督导评估为办园行为规范的幼儿园，特别是薄弱幼儿园给予更多的政策优惠和扶持，并及时总结、推广幼儿园规范办园的先进经验和典型案例。

第十六条　督导评估结果应作为幼儿园年检、确定级类和园长评优评先的重要依据。

第五章　附　则

第十七条　本办法自发布之日起实施。

附件：幼儿园办园行为督导评估指标与要点（略）

中等职业教育督导评估办法

教育部关于印发《中等职业教育督导评估办法》的通知
教督〔2011〕2 号

各省、自治区、直辖市教育厅（教委），新疆生产建设兵团教育局：

为贯彻落实《中华人民共和国职业教育法》和《国家中长期教育改革和发展规划纲要（2010—2020 年）》，全面推进《中等职业教育改革创新行动计划（2010—2012 年）》的实施，督促各地认真履行发展中等职业教育的职责，我部研究制定了《中等职业教育督导评估办法》，现印发给你们。请认真组织实施，各地要根据该《办法》要求，结合本地实际情况，制订相应实施方案，做好督导评估工作。

中华人民共和国教育部
二〇一一年十二月三十日

第一章 总 则

第一条 为贯彻落实《中华人民共和国职业教育法》和《国家中长期教育改革和发展规划纲要（2010—2020 年）》，全面推进《中等职业教育改革创新行动计划（2010—2012 年）》的实施，督促省级人民政府及相关部门认真履行发展中等职业教育的职责，进一步推动中等职业教育的发展，特制定本办法。

第二条 督导评估工作由国家教育督导团组织实施。

第三条 督导评估要坚持导向性、发展性、科学性与可行性相结合的原则，运用现代教育管理和评价的理论、方法，全面统筹中等职业教育的长远发展和近期建设重点，发挥教育督导监督、导向、激励、调控功能，保障中等职业教育发展目标的实现。

第四条 国家教育督导团定期对各省级人民政府履行发展中等职业教育职责情况进行督导评估，督导评估采取审核评估与实地督导相结合的形式。

第二章 督导评估内容

第五条 督导评估主要围绕中等职业教育发展的宏观政策建设与制度创新、经费投入、办学条件保障及发展水平与特色等方面展开。

第六条 国家教育督导团根据国家有关职业教育法律、法规、方针、政策制定《中等职业教育督导评估指标体系》（附1）和《中等职业教育督导评估标准》（附2），督导评估的内容与标准根据职业教育发展的目标任务进行动态调整。

第三章 督导评估程序

第七条 国家教育督导团向省级人民政府发出中等职业教育督导评估工作通知。

第八条 省级人民政府接到督导评估工作通知后3个月内，组织政府相关职能部门根据本办法先进行自查，填写《中等职业教育督导评估有关情况调查表》（附3），完成自查报告，并报送国家教育督导团办公室。

各省（区、市）报送的《中等职业教育督导评估有关情况调查表》中的数据，应以公开统计数据为准，没有公开统计数据的以自行上报数据为准，省级人民政府对上报的数据的真实性负责。

第九条 国家教育督导团依据《中等职业教育督导评估标准》，对各省（区、市）报送的相关材料进行审核和评估。同时，按照督导工作安排，组织国家督学和有关专家，选取部分省（区、市）进行实地督导。

第十条 国家教育督导团根据审核评估和实地督导的结果，向各省级人民政府下达中等职业教育督导意见书，向社会发布中等职业教育督导检查公报。

第十一条 各省（区、市）根据国家教育督导团的督导意见书制定整改措施，进行认真整改，在接到督导意见书3个月内，将整改方案书面报告国家教育督导团。国家教育督导团根据各地整改情况进行复查。

第四章 表彰与问责

第十二条 督导评估的结果主要用于反映各省（区、市）中等职业教育发展的基本情况，总结各地中等职业教育发展的经验与特色，指出发展中存在的问题和建设方向。同时，督导评估的结果作为对被督导检查单位表彰和责任追究的重要依据。

第十三条 各省（区、市）人民政府要建立中等职业教育工作表彰与问责机制，对中等职业教育发展和改革成效突出的地区进行表彰，对发展职业教育职责落实不到位的地区给予通报批评。

第五章 附 则

第十四条 省级人民政府可根据本办法，结合本地区的实际情况，制定本地区中等职业教育督导评估实施方案，做好对市、县级人民政府的督导评估工作。

第十五条 本办法自公布之日起施行。

附 1：中等职业教育督导评估指标体系（略）

附 2：中等职业教育督导评估标准（略）

附 3：中等职业教育督导评估有关情况调查表（略）

表 1：政策制度情况调查表（略）

表 2：经费投入情况调查表（略）

表 3：办学条件情况调查表（略）

表 4：发展水平情况调查表（略）

深化教育督导改革转变教育管理方式的意见

国务院教育督导委员会办公室关于印发
深化教育督导改革转变教育管理方式意见的通知
国教督办〔2014〕3号

各省、自治区、直辖市教育厅（教委）、教育督导部门、
新疆生产建设兵团教育局、教育督导部门：

《深化教育督导改革转变教育管理方式的意见》已经
国务院教育督导委员会第一次会议审议同意，现印发给
你们，请认真贯彻执行。

国务院教育督导委员会办公室
2014年2月7日

为贯彻党的十八大及十八届二中、三中全会精神，落实教育
规划纲要和《教育督导条例》要求，保障教育法律、法规、规章
和国家教育方针、政策贯彻执行，实施素质教育，提高教育质量，
促进教育公平，推动教育事业科学发展，现就深化教育督导改革，
全面加强教育督导工作，提出如下意见。

一、深化教育督导改革是转变教育管理方式的重大举措

1. 教育督导是教育管理的重要内容。教育督导是《教育法》
规定的教育基本制度之一。改革开放以来，教育督导在保障"两
基"历史任务完成、推进义务教育均衡发展、推动重大教育政策
项目落实、促进学校教育教学水平提高、督促教育热点难点问题

解决、开展教育质量评估监测、科学服务教育决策等方面，发挥了不可替代的作用，做出了重要贡献。实践证明，教育督导是教育管理的重要组成部分，是实施依法治教的重要环节，是保障教育改革发展的重要手段。

2. 深化教育督导改革是推进教育事业发展的必然选择。督促政府切实履行教育职责，优先发展教育事业；指导学校规范办学行为，全面实施素质教育，提高教育教学质量；开展各级各类教育质量监测评价等，对深化教育督导改革、充分发挥教育督导作用，提出了新的要求。解决长期困扰教育发展的突出问题，及时回应社会关切，维护教育发展良好局面，对加强教育督导，提出了新的期盼。

3. 深化教育督导改革是落实《教育督导条例》的新要求。《教育督导条例》系统设计了教育督导制度，丰富了教育督导内涵，扩大了教育督导范围，规范了教育督导类型和程序，为开展各级各类教育督导提供了法律依据。实现对各级各类教育的督导，必须完善督导制度体系，健全督导机构，加强督学队伍，强化问责，充分发挥督导作用。

4. 深化教育督导改革是转变政府职能的突破口。深化教育综合改革，转变教育管理方式，建设服务型政府，要理顺政府、学校和社会的关系，深入推进管办评分离。政府既要切实履行教育统筹规划、制度设计和政策引导职责，也要加强教育监督、指导和服务。深化教育督导改革，是加强教育监督、指导和服务的重要抓手。

5. 深化教育督导改革具备良好条件。教育规划纲要颁布后，各地结合实际积极开展教育督导体制机制改革试点，取得了初步成效，积累了不少经验。2012 年，国务院颁布实施《教育督导条例》，成立国务院教育督导委员会，教育督导从法律法规、体制机制两个方面取得重要突破，为深入推进改革奠定了坚实基础。

二、深化教育督导改革的总体思路和工作目标

6. 总体思路。贯彻党的十八大和十八届二中、三中全会精神，落实教育规划纲要和《教育督导条例》，按照决策、执行、监督既相互制约又相互支持的原则和强化国家教育督导、深入推进管办评分离的要求，立足我国实际，借鉴国际经验，建立督促地方政府依法履行教育职责的督政机制、指导各级各类学校规范办学提高教育质量的督学体制、科学评价教育教学质量的评估监测体系，形成督政、督学、评估监测三位一体的教育督导体系，为促进教育事业科学发展、办好人民满意的教育提供制度保障。

7. 工作目标。督政——建立地方政府履行教育职责督导评价机制，严格落实问责制度，引导地方政府优先发展教育事业，提高基本公共教育服务能力和水平。督学——完善督学队伍管理，实行督学责任制，监督指导各级各类学校规范办学行为，全面提高教育质量。评估监测——建立教育督导部门归口管理、专业机构提供服务、社会组织多方参与的专业化教育质量评估监测体系，对各级各类教育进行科学、系统、权威的评估监测，为改进教育教学、管理、决策提供依据和支撑。

三、深化教育督导改革的主要任务

8. 认真开展政府履行教育职责督导。督促地方政府切实履行教育职责，是推进教育事业发展的有效办法。要重点做好四项工作：一是建立地方政府履行教育职责督导制度，开展对地方政府统筹规划、政策引导、监督管理和提供公共教育服务等履行教育职责情况的综合督导。二是建立专项督导制度，就一些普遍性问题和教育重点工作，开展专项督导。建立重大教育突发事件督导

制度，根据事件级别，合理划分督导职责，有效开展督导，督促地方政府和学校妥善应对和解决。三是做好义务教育均衡发展督导工作。按照教育部《县域义务教育均衡发展督导评估暂行办法》要求，继续做好县域义务教育均衡发展督导认定，加快推进义务教育均衡发展，大力促进教育公平。建立省级义务教育均衡发展工作考核评估制度，开展省级政府统筹义务教育均衡发展工作考核评估。四是建立对地方教育行政部门督导制度。根据教育规划纲要及年度工作要点，由上级教育督导部门对下级教育行政部门完成教育改革发展任务情况进行督导，提高各级教育行政部门工作水平。

9. 有效开展学校教育教学工作督导。督学的根本任务，是督导学校全面贯彻党的教育方针，依法依规办学，全面实施素质教育，切实提高教育质量。要重点做好四项工作：一是加强督学责任区建设。各地要结合本地实际加强督学责任区制度建设，合理规划本区域内督学责任区，合理配备督学，建立督学工作长效机制。要建立中小学校责任督学挂牌督导制度，实现中小学校责任督学挂牌督导全覆盖。二是加强学校视导队伍建设。建立学校视导员制度，加强学校内部督导工作。三是积极开展对各级各类学校教育教学质量、办学条件、规范办学行为和实施素质教育的督导评估，督促指导学校全面贯彻党的教育方针，坚持立德树人，做好德育、智育、体育、美育等工作，促进学生全面发展、健康成长成才。四是针对教育热点难点问题，认真开展专项督导，促使问题有效解决，特别是破解义务教育择校难题，减轻学生课业负担，及时回应社会关切。

10. 科学开展教育质量评估监测。科学的评估监测，是发现问题的手段，是有效开展督政、督学工作的前提和基础。要重点做好四项工作：一是统筹规划教育质量监测工作，建立健全各级各类教育质量监测指标体系。完善基础教育质量监测标准和工具。建立县域义务教育均衡发展监测制度和对地方政府发展教育事业情况监测制度。二是根据各级各类教育的发展现状和实际需要，开展教育质量监测工作。开展全国义务教育阶段学生学习质量监测以及学前教育、高中阶段教育质量监测，对高等教育、职业教育依法办学、教育质量及资源配置的情况进行监测。三是培育和扶持一批专业评估机构，引导社会力量参与教育质量评估监测。四是加强教育质量监测国际交流，积极参与国际组织的教育质量监测项目。

11. 完善教育督导和评估监测结果使用制度。提高教育督导的权威性和实效性，必须完善教育督导和评估监测结果使用机制。一是完善教育督导和评估监测报告发布制度，规范流程，丰富载体，提高实效。建立分级发布教育督导和评估监测报告制度，由县、市、省和国家按年度发布督导和评估监测报告，向社会公布督导和评估监测结果，接受公众监督。二是建立健全教育督导和评估监测的公示、公告、约谈、奖惩、限期整改和复查制度，及时发现问题，切实做好整改，推动改进工作。三是建立教育督导和评估监测问责机制。强化教育督导和评估监测结果使用，健全考核奖惩机制，明确督导和评估监测结果是资源配置、干部任免和表彰奖励等的重要依据。

四、加强对教育督导改革工作的组织领导

12. 加强组织领导。各级政府要高度重视教育督导改革工作，将其列入重要议事日程，统一研究部署，及时解决困扰改革的体制机制等重大问题。要结合本地实际，研究具体实施方案，统筹推进，务求实效。

13. 健全教育督导机构。要合理划分教育行政部门内设机构的职责，整合力量，挖掘潜力，尽快组建各级人民政府教育督导委员会及办公室，并确保有效履行职责，按照对各级各类教育实施督政、督学、评估监测三大职能开展工作。

14. 整合评估监测机构和资源。国家成立教育质量评估监测机构，统筹开展全国教育质量评估监测工作。各地教育部门要整合教育协会、学会、教研室以及其他具有教育评估监测职能的机构和资源，实现教育督导部门的归口管理，为系统开展各级各类教育质量评估监测奠定组织基础。

15. 加强督学队伍建设。完善督学管理制度。各地结合实际配齐专职督学，聘任一定比例的兼职督学，完善国家、省、市、县四级督学队伍。加强督学队伍培训。探索建立督学持证督导和督学资格制度。

16. 保障教育督导经费。把教育督导经费列入财政预算，为深化教育督导改革、全面加强督导工作提供保障。

教育部等五部门关于深化高等教育领域简政放权放管结合优化服务改革的若干意见

教政法〔2017〕7号

各省、自治区、直辖市人民政府，国务院各部委、各直属机构：

为深入贯彻落实党的十八大和十八届三中、四中、五中、六中全会精神，全面贯彻党的教育方针，坚持社会主义办学方向，完善中国特色现代大学制度，破除束缚高等教育改革发展的体制机制障碍，进一步向地方和高校放权，给高校松绑减负、简除烦苛，让学校拥有更大办学自主权，激发广大教学科研人员教书育人、干事创业的积极性和主动性，培养符合社会主义现代化建设需要的各类创新人才，培育国际竞争新优势，经国务院同意，现就深化高等教育领域简政放权放管结合优化服务改革提出以下意见：

一、完善高校学科专业设置机制

（一）改革学位授权审核机制。深入推进学位授权点动态调整。省级学位委员会负责审批学士学位授予单位及专业。国务院学位委员会委托省级学位委员会组织硕士学位授权审核和博士学位授权初审。稳妥推进部分高校自主审核博士硕士学位授权点。对承担国家重大科研任务、符合学位授予标准的高校，新增硕士博士学位授权可不再要求培养年限。国务院学位委员会要加强授权监管，完善学位授权准入标准，强化专家评审环节，开展学位授权点合格评估，对于不按照标准和程序办理、不能保证质量的，依法责令限期整改，直至撤销其博士硕士学位授权。

（二）改进高校本专科专业设置。除国家控制布点的专业外，高校自主设置《普通高等学校本科专业目录》内的专业，报教育部备案；自主设置高等职业教育（专科）专业，报省级教育行政部门备案。支持高校对接产业行业需求，经学科和产业行业专家充分论证后，按照专业管理规定设置经济社会发展急需的新专业。加强专业建设信息服务，公布紧缺专业和就业率较低专业的名单，逐步建立高校招生、毕业生就业与专业设置联动机制。开展专业设置抽查，对存在问题的专业，责令有关高校限期整改或暂停招生。

二、改革高校编制及岗位管理制度

（三）积极探索实行高校人员总量管理。教育部会同中央编办、财政部等相关部门制订高校人员总量核定指导标准和试点方案，积极开展试点。试点高校人员总量实行动态调整。纳入总量管理的人员享有相应待遇和保障。机构编制、高校主管部门发现高校在人员总量管理工作中存在弄虚作假等严重问题的，对相关负责人依法依规予以处理。

（四）高校依法自主管理岗位设置。高校根据国家有关规定在人员总量内组织制订岗位设置方案和管理办法，并主动公开，接受监督。岗位设置方案应包括岗位总量，教学科研、管理服务等各类岗位的名称、数量、结构比例、职责任务、工作标准、任职条件等。

（五）高校自主设置内设机构。高校根据办学实际需要和精简、效能的原则，自主确定教学、科研、行政职能部门等内设机构的设置和人员配备。鼓励高校推进内设机构取消行政级别的试点，管理人员实行职员制。改革后要保障高校内设机构人员享有相应的晋升、交流、任职、薪酬及相关待遇。

三、改善高校进人用人环境章

（六）优化高校进人环境。高校根据事业发展、学科建设和队伍建设需要，自主制订招聘或解聘的条件和标准，自主公开招聘人才。政府各有关部门不统一组织高校人员聘用考试，简化进人程序，为高校聘用人才提供便捷高效的人事管理服务。高校在人员总量内聘用人才要围绕主业、突出重点、支持创新。

（七）完善高校用人管理。高校根据其岗位设置方案和管理办法自主做好人员聘后管理。对总量内人员，高校与其签订聘用合同。在人员总量外，高校可自主灵活用工，依法签订劳动合同，依法履行合同，规范实施管理，切实保护当事人合法权益。高校可根据国家有关规定，自主制订教师到企业兼职从事科技成果转化活动的办法和离岗创业办法。

四、改进高校教师职称评审机制

（八）下放高校教师职称评审权。高校自主制订本校教师职称评审办法和操作方案。职称评审办法、操作方案报教育、人力资源社会保障部门及高校主管部门备案。将高校教师职称评审权直接下放至高校，由高校自主组织职称评审、自主评价、按岗聘用。条件不具备、尚不能独立组织评审的高校，可采取联合评审的方式。教育、人力资源社会保障等部门要加强监管，对高校职称评审工作进行抽查，对因把关不严、程序不规范，造成投诉较多、争议较大的高校，要给予警告、责令整改；对违法违纪的责任人员，按照国家规定给予处理。

（九）改进教师职称评审方法。高校要将师德表现作为评聘的首要条件，提高教学业绩在评聘中的比重。针对不同类型、不同层次教师，按照哲学社会科学、自然科学等不同学科领域，基础研究、应用研究等不同研究类型，建立分类评价标准。完善同行专家评价机制，建立以"代表性成果"和实际贡献为主要内容的评价方式。

五、健全符合中国特色现代大学特点的薪酬分配制度

（十）支持高校推进内部薪酬分配改革。人力资源社会保障、财政等有关部门要支持高校建立健全有利于提高竞争力的内部分配机制，实行符合高校特点和发展要求的内部分配政策。高校要理顺内部收入分配关系，保持各类人员收入的合理比例。在核定的绩效工资总量内可采取年薪制、协议工资、项目工资等灵活多样的分配形式和分配办法。

（十一）加强高校绩效工资管理。人力资源社会保障、财政等部门在核定绩效工资总量时，充分考虑高校特点，重点加大对高层次人才集中、服务国家重大战略需求、着力培养拔尖创新人才高校的倾斜力度。高校根据备案人员总量、当地经济发展水平、办学层次等因素，自主确定本校绩效工资结构和分配方式。绩效工资分配要向关键岗位、高层次人才、业务骨干和做出突出成绩的工作人员倾斜。高校科研人员依法取得的科技成果转化奖励收入，不纳入绩效工资。

六、完善和加强高校经费使用管理

（十二）改进高校经费使用管理。财政部门要完善高校预算拨款制度，优化高等教育拨款结构，加大基本支出保障力度，基本支出占比较低的地方要进一步优化结构，合理安排基本支出。改进项目管理方式，完善资金管理办法，采取额度管理、自主调整等措施，进一步扩大高校项目资金统筹使用权。进一步完善高校国库集中支付范围划分，逐步扩大财政授权支付范围，逐步实现用款计划按政府收支分类科目的项级支出功能分类科目编报。

（十三）扩大高校资产处置权限。适当提高资产处置的备案和

报批标准。高校自主处置已达使用年限、应淘汰报废的资产，处置收益留归学校使用。税务部门要执行好各项涉及高校的税收优惠政策。高校要进一步提高预算编制水平，加快财政预算执行进度，完善内控机制，严肃财经纪律，严格按照规定管好用好各项经费和资产，不断提高资金使用效益。强化高校资产管理的主体责任，确保国有资产的安全和有效使用。高校应依法接受审计监督。

七、完善高校内部治理

（十四）加强党对高校的领导。高校要坚持和完善党委领导下的校长负责制，高校党委对本校工作实行全面领导，对本校党的建设全面负责，履行管党治党、办学治校的主体责任，落实党建工作责任制，切实发挥领导核心作用。坚持党管干部、党管人才，落实"三重一大"决策制度。强化院（系）党的领导，进一步发挥院（系）党委（党总支）的政治核心作用。加强基层党组织建设，推动全面从严治党向高校基层延伸，充分发挥党支部战斗堡垒作用。

（十五）加强制度建设。高校要坚持正确办学方向和教育法律规定的基本制度，依法依章程行使自主权，强化章程在学校依法自主办学、实施管理和履行公共职能方面的基础作用。完善政治纪律、组织人事纪律、财经纪律，对工作中的失职失责行为要按有关规定严格问责。加强自我约束和管理，抓紧修订完善校内各项管理制度，使制度体系层次合理、简洁明确、协调一致，使高校发展做到治理有方、管理到位、风清气正。

（十六）完善民主管理和学术治理。进一步健全高校师生员工参与民主管理和监督的工作机制，发挥教职工代表大会和群众组织作用。坚持学术自由和学术规范相统一，坚持不懈培育优良校风和学风。完善学术评价体系和评价标准，推动学术事务去行政化。提高高校学术委员会建设水平，充分发挥高校学术委员会在学科建设、专业设置、学术发展、学术评价等事项中的重要作用。确立科学的考核评价和激励机制。突出同行专家在科研评价中的主导地位。

（十七）强化信息公开与社会监督。积极推进高校重大决策、重大事项、重要制度等校务公开。除涉及国家秘密、商业秘密、个人隐私以及公开可能危及国家安全、公共安全、经济安全、社会稳定和学校安全稳定的情况外，均应当依法依规公开相关信息。畅通监督渠道，发挥社会公众、媒体等力量在监督中的作用。利用现代信息技术手段，提高工作透明度，增强信息公开实效，让权力在阳光下运行。

八、强化监管优化服务

（十八）构建事中事后监管体系。各地各部门要进一步转变职能和管理方式，支持高校适应创新发展需要，推进治理结构改革。要深入推进管办评分离，切实履行监管职责。创新监管方式和手段，通过完善信用机制、"双随机"抽查、行政执法、督导、巡视、第三方评估等加强事中事后监管。

（十九）加强协调与指导。各地各部门要树立全局意识，加强协调，相互配合，整体推进。要引导高校合理定位，办出特色，防止"同质化"。对西部和艰苦边远地区高校给予必要政策倾斜。要及时解决工作中发现的问题，提高管理服务水平。

（二十）营造良好改革环境。各地各部门要简化优化服务流程，精简和规范办事程序，缩短办理时限，改进服务质量，让高校教学科研人员从过多过苛的要求、僵硬的考核、繁琐的表格中解放出来。依托"互联网+"，积极推动高校公共服务事项网上办理，提高办事效率。抓紧修改或废止影响高校发展和教学科研人员积极性的、不合时宜的行政法规和政策文件，保持改革政策协调一致。做好改革的总结推广和宣传引导工作，营造良好氛围。

各地各部门要立足我国基本国情教情，综合考虑不同地区和高校实际，抓紧细化高校人员总量、职称、薪酬等方面改革的试点或落实办法，大力推进改革进程。各高校要及时制定实施细则，向院系放权，向研发团队和领军人物放权，确保各项改革措施落到实处。

教育部　中央编办　发展改革委
财政部　人力资源社会保障部
2017 年 3 月 31 日

督学管理暂行办法

教育部关于印发《督学管理暂行办法》的通知

教督〔2016〕2 号

各省、自治区、直辖市教育厅（教委）、人民政府教育督导部门，新疆生产建设兵团教育局、教育督导部门：

为贯彻落实《教育督导条例》（国务院令第 624 号）要求，建设一支高水平、专业化、适应教育督导工作新形势的督学队伍，特制定《督学管理暂行办法》。现印发给你们，请遵照执行。

教育部
2016 年 7 月 29 日

第一章　总　则

第一条　为强化国家教育督导，加强督学队伍建设，促进督学管理科学化、规范化、专业化，提高教育督导工作质量和水平，保障教育事业科学发展，根据《教育督导条例》，制定本办法。

第二条　督学是受教育督导机构指派实施教育督导工作的人员，包括专职督学和兼职督学。

第三条　各级人民政府及教育督导机构对所任命或聘任的督学实施管理。

第二章　聘　任

第四条　专职督学由县级以上人民政府按照干部人事管理权限和程序任命，兼职督学由县级以上人民政府教育督导机构根据教育督导工作需要聘任，并颁发聘书和督学证。

第五条　各级人民政府及教育督导机构应配齐督学，建立督学动态更替和补充机制。国家督学数量由国务院教育督导委员会根据国家教育督导工作需要确定。省级、市级、县级督学数量由本级人民政府或教育督导机构根据本区域内督导工作需要确定。

第六条　督学除符合《教育督导条例》第二章第七条的任职条件外，还应适应改革发展和教育督导工作需要，达到下列工作要求：

（一）热爱教育督导工作，能够深入一线、深入学校、深入师生开展教育督导工作。

（二）熟悉教育督导业务，掌握必要的检查指导、评估验收以及监测方面专业知识和技术。

（三）能够保证教育督导工作时间。

第七条　聘任程序：

（一）推荐：相关单位按要求向聘任单位推荐参聘人员。

（二）审核：聘任单位对参聘人员按程序进行审查、遴选。

（三）公示：聘任单位将拟聘督学人员名单向社会公示，公示期不得少于 7 个工作日。

（四）公布：聘任单位向督学颁发聘书，聘任结果向上级教育督导机构报备并向社会公布。

第八条 兼职督学每届任期 3 年，续聘一般不得超过 3 届。

第三章 责 权

第九条 督学按照《教育督导条例》规定开展教育督导工作。

第十条 督学受教育督导机构指派，履行以下职责：

（一）对政府及有关部门履行教育职责情况进行督导。

（二）对各级各类学校教育教学工作情况实施督导。

（三）对师生或群众反映的教育热点、难点等重大问题实施督导。

（四）对严重影响或损害师生安全、合法权益、教育教学秩序等的突发事件，及时督促处理并第一时间报告上级教育督导部门。

（五）每次完成督导任务后，及时向本级教育督导机构报告督导情况，提交督导报告。

（六）完成本级人民政府及教育督导机构交办的其他工作事项。

第十一条 督学受教育督导机构指派，实施教育督导时可行使以下权力：

（一）就督导事项有关问题进入相关部门和学校开展调查。

（二）查阅、复制与督导事项有关的文件、材料。

（三）要求被督导单位就督导事项有关问题作出说明。

（四）采取约谈有关负责人等方式督促问题整改落实。

（五）对被督导单位的整改情况进行监督、检查。

第十二条 教育督导机构负责为兼职督学开展教育督导工作

提供经费保障。

第十三条 各级政府及有关部门应积极支持督学晋升职级或职称,为督学开展工作提供必要的工作条件。

第十四条 督学开展教育督导工作,须向被督导单位出示督学证。

第四章 监 管

第十五条 各级教育督导机构对督学工作进行管理,主要包括:

(一)实施督导时遵守有关规定情况。

(二)督导报告撰写并向教育督导机构提交情况。

(三)督导意见反馈和督促整改情况。

(四)按要求接受培训情况。

第十六条 各级人民政府教育督导机构对本级督学进行登记管理,动态掌握督学相关信息。

第十七条 督学与被督导对象的关系可能影响客观公正实施教育督导的,督学应当回避。

第十八条 督学应主动公开联系方式和督导事项等,方便社会了解督导工作情况,广泛接受社会监督。

第十九条 各级教育督导机构受理对督学不当行为的举报,经查实后依照有关规定处理。对督学违法违规等受到处分的,及时向上级教育督导机构报告。

第五章 培 训

第二十条 各级教育督导机构按照职责负责组织督学的岗前

及在岗培训，新聘督学上岗前应接受培训。

第二十一条 督学培训可采取集中培训、网络学习和个人自学相结合的方式进行，督学每年参加集中培训时间累积应不少于40学时。

第二十二条 培训主要内容包括：

（一）教育法律、法规、方针、政策、规章、制度和相关文件。

（二）教育学、心理学、教育管理、学校管理、应急处理与安全防范等相关理论和知识。

（三）评估与监测理论、问卷与量表等工具开发在教育督导工作中的应用。

（四）督导实施、督导规程和报告撰写等业务知识。

（五）现代信息技术的应用。

（六）教育督导实践案例。

第二十三条 国务院教育督导委员会办公室负责指导全国督学培训工作及组织相关培训，地方各级教育督导机构负责本区域督学培训工作的组织实施。

第二十四条 各级教育督导机构建立本级督学培训档案，对参加培训的种类、内容和时间等情况进行记录备案。

第六章 考 核

第二十五条 督学考核应包括以下主要内容：

（一）督导工作完成情况。包括实施督导、督导报告、督促整改、任务完成和工作总结等情况。

（二）参加培训情况。包括参加集中培训和自主学习等情况。

（三）廉洁自律情况。包括遵守廉政规定、遵守工作纪律和工作作风等情况。

第二十六条　各级教育督导机构负责本级督学年度考核和任期考核。对专职督学、兼职督学进行分类考核，并结合本地实际制订具体考核标准，采取个人自评和督导部门考核相结合方式对督学进行考核，对考核优秀的督学按相应规定给予表彰奖励。

第二十七条　各级教育督导机构对督学考核后形成书面意见告知本人及所在单位并存档备案，作为对其使用、培养、聘任、续聘、解聘的重要依据。

第二十八条　督学有下列情形之一的，教育督导机构给予解聘：

（一）无正当理由不参加教育督导工作的。

（二）弄虚作假，徇私舞弊，影响督导结果公平公正的。

（三）滥用职权，打击报复，干扰被督导单位正常工作的。

（四）受到行政处分、刑事处罚的。

（五）年度考核不合格的。

第二十九条　督学不能正常履行职责须书面请辞，聘任单位于 30 日内批准并向社会公布。

第七章　附　则

第三十条　各地教育督导机构可根据本办法，结合本地实际，制定具体实施细则或本地督学管理办法，并报上一级教育督导机构备案。

第三十一条　本办法自发布之日起施行。

附　录

中小学校责任督学挂牌督导办法

国务院教育督导委员会办公室
关于印发《中小学校责任督学挂牌督导办法》的通知
国教督办〔2013〕2号

各省、自治区、直辖市教育厅（教委）、人民政府教育督导部门，新疆生产建设兵团教育局、教育督导部门：

为健全学校督导制度，加强对中小学校的监督指导，根据《教育督导条例》有关规定，特研究制定《中小学校责任督学挂牌督导办法》（简称《办法》），现印发你们，请遵照执行。

实行挂牌督导是转变政府管理职能、加强对学校监督指导的重要举措，也是加强与学校和社会联系、办人民满意教育的有效方式，有利于延伸教育督导的触角，及时发现和解决学校改革发展中出现的问题，推动学校端正办学思想，规范办学行为，实施素质教育，提高教育质量，实现内涵发展。各地要高度重视，加强领导，制定和完善本地挂牌督导的措施和办法，积极创造条件，按照《办法》的要求配足责任督学，在2013年底前将挂牌督导制度覆盖所有中小学校，并及时将有关实施情况报国务院教育督导委员会办公室。国务院教育督导委员会办公室将对各地实行挂牌督导工作进行检查。

国务院教育督导委员会办公室

2013 年 9 月 17 日

为健全中小学校督导制度，规范学校办学行为，根据《教育督导条例》制定本办法。

第一条 挂牌督导是指县（市、区）人民政府教育督导部门（以下简称教育督导部门）为区域内每一所学校设置责任督学，对学校进行经常性督导。

教育督导部门根据区域内中小学校布局和在校生规模等情况，按 1 人负责 5 所左右学校的标准配备责任督学。

教育督导部门应按统一规格制作标牌，标明责任督学的姓名、照片、联系方式和督导事项，在校门显著位置予以公布。

第二条 责任督学由教育督导部门聘任，颁发督学证，实行注册登记，直接管理。

责任督学应符合《教育督导条例》第七条规定的条件。

责任督学主要从在职和退休的校长、教师、教研人员和行政人员中遴选，专兼结合，兼顾小学、初中和高中各个学段（含直属学校）。

第三条 责任督学基本职责：

（一）对学校依法依规办学进行监督。

（二）对学校管理和教育教学进行指导。

（三）受理、核实相关举报和投诉。

（四）发现问题并督促学校整改。

（五）向教育督导部门报告情况，并向政府有关部门提出意见。

第四条 责任督学对以下主要事项实施经常性督导：

（一）校务管理和制度执行情况。

（二）招生、收费、择校情况。

（三）课程开设和课堂教学情况。

（四）学生学习、体育锻炼和课业负担情况。

（五）教师师德和专业发展情况。

（六）校园及周边安全情况，学生交通安全情况。

（七）食堂、食品、饮水及宿舍卫生情况。

（八）校风、教风、学风建设情况。

第五条 发现危及师生安全的重大隐患，责任督学应及时督促学校和相关部门处理；对各种突发事件或重大事故，责任督学应第一时间赶赴现场，及时了解并上报有关情况。

第六条 责任督学可采取随机听课、查阅资料、列席会议、座谈走访、问卷调查、校园巡视等方式进行经常性督导。

督导结束后，责任督学要填写督导记录，将督导结果当场向学校反馈，并及时向教育督导部门提交报告。

对每所学校实施经常性督导每月不得少于1次，视情况可随时对学校进行督导。

第七条 责任督学要依法督导，客观公正，廉洁自律，对有可能影响公正督导的情形要实行回避。

责任督学进校督导应出示督学证。

第八条 学校必须接受责任督学的监督和指导，按要求提供情况和进行整改。

教育督导部门对拒绝、阻挠责任督学依法实施经常性督导和不按要求整改的学校，要予以通报批评并责令改正；对学校主要负责人和其它责任人员提出处分建议。

第九条　各地要为责任督学提供必要的工作条件和专项经费。对新任责任督学进行入职培训，对在职责任督学进行定期培训、集中培训。实行责任督学定期交流制度，原则上每3年轮岗交流一次。建立督导信息直报系统。

第十条　教育督导部门要建立责任督学考核制度。对责任督学履行职责、开展工作和完成任务情况进行考核。

对年度考核称职的督学，予以续聘；对考核优秀的督学，给予表彰奖励。对存在玩忽职守、弄虚作假、徇私舞弊、滥用职权等行为，干扰学校正常工作或在督导活动中造成不良影响，及发现重大问题未及时上报的，视不同程度给予批评、教育和处分，情节严重的取消督学资格。

第十一条　教育督导部门定期听取责任督学工作汇报，研究处理相关问题。

教育督导及有关部门要重视督导结果和责任督学建议，将其作为对学校综合评价、主要负责人考评问责的重要依据。在学校评优评先、干部任免、教师考核方面，充分听取责任督学的意见。

第十二条　本办法自发布之日起施行。

中小学校责任督学挂牌督导规程

国务院教育督导委员会办公室关于印发《中小学校责任
督学挂牌督导规程》和《中小学校责任督学工作守则》的通知

国教督办〔2013〕6号

各省、自治区、直辖市教育厅（教委）、人民政府教育督
导部门，新疆生产建设兵团教育局、教育督导部门：

为落实《中小学校责任督学挂牌督导办法》，规范中
小学校责任督学挂牌督导工作，根据《教育督导条例》
有关规定，特制定《中小学校责任督学挂牌督导规程》
和《中小学校责任督学工作守则》，现印发给你们，请遵
照执行。

国务院教育督导委员会办公室

2013年12月18日

第一条 为落实《中小学校责任督学挂牌督导办法》，规范中
小学校责任督学挂牌督导工作，依据《教育督导条例》制定本
规程。

第二条 制定计划。责任督学应根据教育督导部门年度工作
安排，针对教育领域存在的突出问题，结合所负责学校实际情况，
制定月度、季度、年度工作计划，报教育督导部门审核备案。

第三条 确定方案。每次开展督导，责任督学应制定具体方
案，明确督导任务和督导重点，填写学校督导备案表，包括督导

学校、时间、目的和内容。

第四条 督导方式。责任督学可事先不通知被督导学校，随机实施经常性督导。也可根据督导需要，提前要求学校就有关事项进行准备，协助开展工作。

第五条 持证督导。责任督学实施督导，应出示督学证。

第六条 校园巡视。责任督学应认真检查教学楼、办公楼、实验室、学生宿舍、食堂、厕所等设施设备，注意了解管理、使用、安全、卫生等情况，及时发现问题，排除安全隐患。

第七条 推门听课。责任督学可随机进入课堂听课，了解教学情况，包括教学内容、教学方法、授课方式、课堂互动、教学效果等。应做好课堂记录，课后与教师沟通，提出意见。听课不要影响正常教学秩序。

第八条 查阅资料。责任督学可查阅学校校务管理、财务管理、教学管理、人事管理、后勤管理等方面的规章制度，学校有关会议和活动记录、学生学籍档案、财务账目、教师教案、学生作业等。应尊重学校办学特色，不宜公开的信息要严格保密。

第九条 问卷调查。责任督学可依据督导事项设定调查问卷，以适当方式在一定范围开展调查，全面了解学校真实情况或师生诉求。

第十条 座谈走访。责任督学可随时与校长、教师、员工、学生交流，召开教师、家长或学生座谈会，了解学校管理、教学和学生学习活动等情况；也可走进社区、学生家庭及相关单位，了解群众对学校工作的意见。必要时可通过暗访、单独访谈、相关人员回避、匿名问卷、保密承诺等方式进行访谈。要保护走访调查对象隐私，鼓励说真话、讲实情。

第十一条 督导记录。责任督学在督导中，可通过记录、拍照、录音、复制文件等方式，对现状、问题、意见等进行记录。

第十二条 反馈意见。责任督学应针对发现的问题提出改进建议，形成反馈意见，及时和学校沟通交流。

第十三条 整改通知。责任督学在督导中发现的重大问题，应书面报告教育督导部门，提出整改意见，由教育督导部门向学校及相关部门发出《整改通知书》，明确提出整改要求和整改时限。

第十四条 督促整改。应根据《整改通知书》要求，督促学校或有关部门认真整改。对在期限内没有及时处理或整改落实不到位的，应及时报告督导部门负责人。

第十五条 总结汇报。责任督学每月应以书面形式向教育督导部门报告工作情况。每年应对督导工作进行总结，接受教育督导部门的检查和考核。

第十六条 撰写报告。责任督学应独立完成月度、季度、年度督导报告。督导报告应包括督导任务、督导过程、典型经验、突出问题、督导结论以及督导建议等。报告应实事求是、观点鲜明、文字简练、言之有据。

第十七条 省级教育督导部门可根据本规程制定实施细则。

第十八条 本规程自公布之日起施行。

中小学校责任督学工作守则

一、爱岗敬业：热爱督导奉献教育，忠于职守勤勉尽责。

二、依法履职：熟悉法律遵守规章，依法依规履行职责。

三、科学规范：遵循规律坚持标准，讲究程序严格操作。

四、客观公正：了解情况实事求是，处理问题公平公正。

五、善于沟通：深入学校贴近师生，加强交流及时反馈。

六、勇于担当：敢查实情敢讲真话，督促整改一抓到底。

七、开拓创新：视野开阔思维缜密，大胆探索注重总结。

八、注重实效：认真监督悉心指导，意见明确落实到位。

九、业务精湛：注重学习勤于钻研，本领过硬能力全面。

十、廉洁自律：严于律己作风正派，品行端正不谋私利。

汉语作为外语教学能力认定办法

中华人民共和国教育部令

第 19 号

《汉语作为外语教学能力认定办法》已于 2004 年 4 月 1 日经部长办公会议讨论通过，现予发布，自 2004 年 10 月 1 日施行。

教育部部长

二〇〇四年八月二十三日

第一条 为了提高汉语作为外语教学的水平，做好汉语作为外语教学能力认定工作，加强汉语作为外语教学师资队伍的建设，促进对外汉语教学事业的发展，依据《教育法》和《教师法》制定本办法。

第二条 本办法适用于对从事汉语作为外语教学工作的中国公民和外国公民所具备的相应专业知识水平和技能的认定。对经认定达到相应标准的，颁发《汉语作为外语教学能力证书》（以下简称《能力证书》）。

第三条 汉语作为外语教学能力认定工作由汉语作为外语教学能力认定工作委员会（以下简称"认定委员会"）根据本办法进行组织。认定委员会成员由教育部任命。认定委员会的职责是制订能力认定的考试标准，规范能力证书课程，组织考试和认定工作，颁发《能力证书》。

第四条 《能力证书》申请者应热爱汉语教学工作、热心介绍中国文化、遵守法律法规、具有良好的职业素养，须具有大专（含）以上学历和必要的普通话水平。其中的中国公民应具有相当于大学英语四级以上或全国外语水平考试（WSK）合格水平。

第五条 《能力证书》分为初级、中级、高级三类。

取得初级证书者应当具备汉语作为外语教学的基本知识，能够对母语为非汉语学习者进行基础性的汉语教学工作。

取得中级证书者应当具备汉语作为外语教学的较完备的知识，能够对母语为非汉语学习者进行较为系统的汉语教学工作。

取得高级证书者应当具备汉语作为外语教学的完备的知识，能够对母语为非汉语学习者进行系统性、专业性的汉语教学和相关的科学研究。

第六条 申请《能力证书》须通过下列考试：

初级证书的考试科目为：现代汉语基本知识、中国文化基础常识、普通话水平

中级证书的考试科目为：现代汉语、汉语作为外语教学理论、中国文化基本知识

高级证书的考试科目为：现代汉语及古代汉语、语言学及汉语作为外语教学理论、中国文化。

第七条 申请中级、高级证书者普通话水平需达到中国国家语言文字工作委员会规定的二级甲等以上。

第八条 对外汉语专业毕业的本科生可免试申请《能力证书（中级）》；

对外汉语专业方向毕业的研究生可免试申请《能力证书（高级）》。

中国语言文学专业毕业的本科生和研究生，可免试汉语类科目。

第九条 汉语作为外语教学能力认定工作每年定期进行。申请证书者须先通过能力考试，凭考试合格成绩申请证书。申报考试和申请证书的具体时间及承办机构由认定委员会决定。

第十条 《能力证书》申请者须向申请受理机构提交以下材料：

（一）《汉语作为外语教学能力证书申请表》（一式两份）；

（二）身份证明原件及复印件；

（三）学历证书原件及复印件；

（四）考试成绩证明原件及复印件（符合免考试科目者须提交所要求的证书原件及复印件）；

（五）普通话水平测试等级证书原件及复印件；

（六）外语水平证明原件及复印件。

第十一条 《能力证书》由认定委员会监制。

第十二条 申请证书过程中弄虚作假的，经认定委员会核实，不予认定；已经获得《汉语作为外语教学能力证书》者，由认定委员会予以注销。

第十三条 为了提高汉语作为外语教师的专业能力，认定委员会规定《能力证书》的标准化课程和大纲。

第十四条 本办法自 2004 年 10 月 1 日起施行，1990 年 6 月 23 日发布的《对外汉语教师资格审定办法》（中华人民共和国国家教育委员会令第 12 号）同时废止，《对外汉语教师资格证书》同时失效，须更换《能力证书（高级）》。

家长教育行为规范

关于印发《家长教育行为规范》的通知

妇字〔2004〕43号

各省、自治区、直辖市妇联，教育厅（教委）：

为贯彻落实中央关于进一步加强和改进未成年人思想道德建设精神，指导和推进家庭教育，全国妇联、教育部对原《家长教育行为规范》进行了修改、补充、完善。现印发给你们，请各地加强宣传，认真组织家长学习，不断提高家长素质，促进未成年人健康成长。

全国妇联　教育部

2004 年 10 月 25 日

一、树立为国教子、以德育人的思想，自觉履行抚养和教育子女的法律责任和道德义务。

二、培养子女增强爱国情感，从小树立民族自尊心、自信心和自豪感。

三、教育子女树立正确的理想信念，为担负起建设祖国、振兴中华的光荣使命做好准备。

四、培养子女良好的道德品质和文明行为，学会处理人与人、人与社会、人与自然等基本关系。

五、培育子女的劳动意识、科学精神和法制观念，帮助子女增强自学、自理、自护、自强、自律能力。

六、确保子女接受义务教育，鼓励子女参加健康有益的文化体育活动，促进子女身心健康全面发展。

七、树立正确的家庭教育观念，掌握科学的教育知识与方法，针对子女年龄、个性特征实施教育，与子女互动互学，共同提高。

八、举止文明，情趣健康，敬业进取，言行一致，以良好的品行修养为子女作表率。

九、建立民主、平等、和睦的家庭关系，形成有助于子女健康成长的良好家庭环境。

十、主动配合学校教育、社会教育，支持子女参加学校活动和社会实践，保持教育的一致性。

严禁教师违规收受学生及家长
礼品礼金等行为的规定

教育部关于印发《严禁教师违规收受学生及
家长礼品礼金等行为的规定》的通知

教监〔2014〕4号

各省、自治区、直辖市教育厅（教委），新疆生产建设兵团教育局，部属各高等学校：

当前，有些学校存在着教师违规收受学生及家长礼品礼金等不正之风，人民群众对此反映强烈。问题虽然发生在少数学校、教师身上，但严重损害人民教师形象，危害不可小视，必须坚决纠正。为进一步加强师德师风建设，努力办好人民满意教育，现将《严禁教师违规收受学生及家长礼品礼金等行为的规定》印发给你们，请认真贯彻执行。

1. 加强组织领导。严禁教师违规收受礼品礼金等行为是教育系统深入解决"四风"问题重要举措之一，各地教育部门和学校务必高度重视，加强领导，精心部署。要与培育和践行社会主义核心价值观相结合，与深入开展党的群众路线教育实践活动相结合，与建立健全师德建设长效机制相结合，研究制定具体的实施方案和配套措施，建立健全领导责任制和工作机制，做到常抓不懈、警钟长鸣，深入持久地开展师德师风建设。

2. 加大宣传教育。各地教育部门和学校要迅速将

《规定》要求传达到教职员工、学生及家长。要加大师德先进典型的宣传力度，充分展现当代教师的良好形象和精神风貌。要大力推进廉政文化进校园活动，提高广大教师廉洁从教的意识，自觉把清正廉洁的要求内化于心、外化于行。要主动做好宣传引导工作，争取社会的支持，接受群众的监督，积极倡导学生及家长通过文明健康的方式向教师表达感恩、感谢之情，引领社会新风尚。

3. 强化监督检查。各地教育部门和学校要针对《规定》禁止的6种行为开展监督检查，要抓住重要节假日和时间段，特别是教师节及学校开学、学生毕业等重要节点有针对性地开展专项治理。各级教育纪检监察部门要加强对《规定》落实的监督检查，做到有诉必查，有错必纠，坚决查处顶风违纪的行为，对典型案件及时通报曝光。要畅通和公开举报渠道，自觉接受社会监督。教育部统一监督举报电话：010—66092315、66093315。

各地教育部门和部属高校请于秋季开学前将《规定》的贯彻落实情况报送我部教师工作司和驻部监察局。

教育部

2014 年 7 月 8 日

为纠正教师利用职务便利违规收受学生及家长礼品礼金等不正之风，特作如下规定：

一、严禁以任何方式索要或接受学生及家长赠送的礼品礼金、有价证券和支付凭证等财物。

二、严禁参加由学生及家长安排的可能影响考试、考核评价的宴请。

三、严禁参加由学生及家长安排支付费用的旅游、健身休闲等娱乐活动。

四、严禁让学生及家长支付或报销应由教师个人或亲属承担的费用。

五、严禁通过向学生推销图书、报刊、生活用品、社会保险等商业服务获取回扣。

六、严禁利用职务之便谋取不正当利益的其他行为。

学校领导干部要严于律己，带头执行规定，切实负起管理和监督职责。广大教师要大力弘扬高尚师德师风，自觉抵制收受学生及家长礼品礼金等不正之风。对违规违纪的，发现一起、查处一起，对典型案件要点名道姓公开通报曝光。情节严重的，依法依规给予开除处分，并撤销其教师资格；涉嫌犯罪的，依法移送司法机关处理。

教育部关于建立中小学幼儿园
家长委员会的指导意见

教基一〔2012〕2号

各省、自治区、直辖市教育厅（教委），新疆生产建设兵团教育局：

为贯彻落实《国家中长期教育改革和发展规划纲要（2010—2020年）》，推进现代学校制度建设，完善中小学幼儿园管理制度，现就建立中小学幼儿园家长委员会（以下简称家长委员会）工作提出如下意见。

一、充分认识建立家长委员会的重要意义

中小学生和幼儿园儿童健康成长是学校教育和家庭教育的共同目标。建立家长委员会，对于发挥家长作用，促进家校合作，优化育人环境，建设现代学校制度，具有重要意义。近年来，在教育部门的推动和支持下，一些地方的中小学通过家长委员会动员组织家长参与学校的教育教学活动和管理工作，取得了积极成效。面对教育改革发展的新形势，需要在更大范围推广成功经验，把家长委员会普遍建立起来。

各地教育部门和中小学幼儿园要从办好人民满意教育的高度，充分认识建立家长委员会的重要意义，把家长委员会作为建设依法办学、自主管理、民主监督、社会参与的现代学校制度的重要内容，作为发挥家长在教育改革发展中积极作用的有效途径，作为构建学校、家庭、社会密切配合的育人体系的重大举措，以更大的热情，更有效的措施，创造更好的条件，大力推进建立家长委员会工作。

二、明确家长委员会的基本职责

家长委员会应在学校的指导下履行职责。

参与学校管理。对学校工作计划和重要决策，特别是事关学生和家长切身利益的事项提出意见和建议。对学校教育教学和管理工作予以支持，积极配合。对学校开展的教育教学活动进行监督，帮助学校改进工作。

参与教育工作。发挥家长的专业优势，为学校教育教学活动提供支持。发挥家长的资源优势，为学生开展校外活动提供教育资源和志愿服务。发挥家长自我教育的优势，交流宣传正确的教育理念和科学的教育方法。

沟通学校与家庭。向家长通报学校近期的重要工作和准备采取的重要举措，听取并转达家长对学校工作的意见和建议。向学校及时反映家长的意愿，听取并转达学校对家长的希望和要求，促进学校和家庭的相互理解。

三、积极推进家长委员会组建

建立家长委员会，要发挥学校主导作用，落实学校组织责任，纳入学校日常管理工作；要尊重家长意愿，充分听取家长意见，调动家长的积极性和创造性；要根据学校发展状况和家长实际情况，采取灵活多样的组织方式，确保家长委员会工作取得实效。

有条件的公办和民办中小学和幼儿园都应建立家长委员会。学校组织家长，按照一定的民主程序，本着公正、公平、公开的原则，在自愿的基础上，选举出能代表全体家长意愿的在校学生家长组成家长委员会。特别要选好家长委员会的牵头人。要从实际出发，确定家长委员会的规模、成员分工。

家长委员会成员应具有正确教育观念，掌握科学的教育方法，热心学校教育工作，富有奉献精神，有一定的组织管理和协调能力，善于听取意见、办事公道、责任心强，能赢得广大家长的信赖。

四、发挥好家长委员会支持学校工作的积极作用

家长委员会要针对学校教育和家庭教育的突出问题，重点做好德育、保障学生安全健康、推动减轻中小学生课业负担、化解家校矛盾等工作。

与学校共同做好德育工作。要及时与学校沟通学生思想状况和班集体情况，经常向家长了解学生在家庭的表现和对学校、教师的看法，与学校和教师一起肯定和表扬学生的进步，解决和化解学生遇到的困难和烦恼，做好思想工作。经常通过家长了解学生所在班级的情况，及时发现班集体风气和同学之间关系存在的问题，推动形成积极向上、温暖和谐、互助友爱的班集体。

协助学校开展安全和健康教育。引导家长履行监护人责任，配合学校提高学生安全意识和自护能力，支持学校开展体育运动和社会实践活动。对学校的安全工作进行监督，与学校共同做好保障学生安全工作，避免发生伤害事故。

支持和推动减轻学生课业负担。防止和纠正幼儿园教育"小学化"。引导家长积极支持教育部门和学校采取的减轻中小学生课业负担的各项措施，监督学校的课业负担情况，及时向学校提出意见和改进的建议，与学校共同推进素质教育。

营造良好的家校关系。把学校准备采取和正在实施的教育教学改革措施，向家长做出入情入理的解释和说明，争取家长的理解和支持。及时向学校反映家长对学校工作的疑问，帮助学校了解情况改进工作。多做化解矛盾的工作，把可能出现的问题，解决在萌芽状态。

五、为家长委员会的建设提供有力保障

地方各级教育部门要切实加强对家长委员会组建工作的领导，把建立家长委员会列入工作议事日程，制订发展规划、工作计划和具体的实施意见和办法。要把建设和组织家长委员会作为教育行政干部和中小学校长的培训内容之一。要深入调查研究，及时总结和推广家长委员会组建、完善、发展工作的好经验、好做法，协调解决出现的问题和遇到的困难，促进和保障家长委员会的健康发展。

学校要为家长委员会开展工作提供必要的条件。完善学校科学民主的决策机制，保障家长委员会有效参与学校管理。完善科学的评价机制，保障家长委员会对学校工作实施有效监督。开放教育教学活动，保障家长委员会参与教育工作。建立学校与家长委员联席会议制度定期通报情况，保障沟通渠道畅通，确保家长委员会依法、规范、有序、有效地开展工作。

中华人民共和国教育部
二〇一二年二月十七日

教育重大突发事件专项督导暂行办法

国务院教育督导委员会办公室关于印发
《教育重大突发事件专项督导暂行办法》的通知
国教督办〔2014〕4 号

各省、自治区、直辖市教育厅（教委）、教育督导部门，
新疆生产建设兵团教育局、教育督导部门：

为督促各地各校切实履行职责，积极应对并妥善处
理教育重大突发事件，保障师生生命财产安全和教育教
学工作正常开展，根据《教育督导条例》有关规定，研
究制定《教育重大突发事件专项督导暂行办法》，现印发
你们，请遵照执行。

国务院教育督导委员会办公室
2014 年 2 月 7 日

第一章 总 则

第一条 根据《教育督导条例》，为督促地方和学校切实履行

职责，积极应对并妥善处理教育重大突发事件，制定本办法。

第二条 教育重大突发事件是指涉及教育的重大突发事件，包括影响和危害师生生命财产安全、教育教学工作正常开展的自然灾害、事故灾难、公共卫生事件、考试安全、群体性事件和学校治安、刑事案件、师德败坏等事件。

第三条 实施教育重大突发事件专项督导的目的是督促有关地方和学校在处理教育重大突发事件过程中，切实保障师生生命财产安全和教育教学工作的正常开展。

第四条 国务院教育督导委员会办公室负责对各地开展教育重大突发事件专项督导工作进行统筹协调指导，并组织实施特别重大教育突发事件专项督导。

第五条 实施教育重大突发事件专项督导坚持"及时有效、公正公开"的原则，推动教育重大突发事件得到有效处理和解决，及时向社会公开事件处理和专项督导结果。

第二章　专项督导的内容

第六条 专项督导主要内容是地方和学校应对和处理教育重大突发事件的情况，包括：

（一）教育重大突发事件的预防与应急准备、物资储备、监测与预警等方面的情况。

（二）教育重大突发事件的应急处理与救援等方面的情况，包括紧急报告、控制局面、组织疏散、实施救治、开展救援、立案调查等。

（三）教育重大突发事件的过程处理情况，包括校园安全隐患排除、食物中毒治疗、传染性疾病防治、事故伤害赔偿、教育抚恤补助、师生和家长安抚、试题泄密和考试群体作弊处置、治安和刑事案件移交处理、群体聚集的疏散、教师师德教育、责任人处理等。

（四）教育重大突发事件的后续处理情况，包括校舍恢复重建、教学设备补充配置、校园及周边环境整治、患病或受伤师生救治、师生心理干预、复课及组织学生参加中高考、维护校园师生稳定、试题泄密和考试群体作弊处置、治安和刑事案件协助处理、师生宣传教育、处理结果通报、事后评估等。

（五）建立教育重大突发事件公告制度，视情况向社会公众和新闻媒体通报相关工作，正确引导舆论的情况。

（六）建立健全监督检查和考核问责机制，对相关责任人进行责任追究和处理的情况。

（七）其他与教育重大突发事件相关的情况。

第三章　专项督导的实施

第七条　教育重大突发事件发生后，国务院教育督导委员会办公室向相关省（区、市）人民政府及教育督导机构了解情况，对教育重大突发事件影响和危害程度进行评估。

第八条　国务院教育督导委员会办公室根据评估情况，决定是否派出督导组开展专项督导，或指派县级以上地方人民政府教育督导机构对教育重大突发事件实施专项督导。

第九条　国务院教育督导委员会办公室实施专项督导的程序：

（一）向相关省（区、市）人民政府发出书面通知；

（二）督导组赴现场进行督导检查，全面了解、掌握教育重大突发事件的应对和处理情况；

（三）督导组根据现场督导检查情况形成初步督导意见，向当地及所在省（区、市）人民政府反馈，向国务院教育督导委员会办公室提交书面督导报告；

（四）地方政府根据督导意见提出整改方案，向社会公布，并报国务院教育督导委员会办公室；

（五）国务院教育督导委员会办公室视情况向社会公布督导报告和整改报告。

第十条 县级以上地方人民政府教育督导机构应建立教育重大突发事件信息报告制度，及时向上一级教育督导机构报告发生教育重大突发事件和应对处理进展情况。

第十一条 县级以上地方人民政府教育督导机构应与有关部门沟通协调，紧密配合，及时准确掌握教育重大突发事件应对与处理情况，积极参与教育重大突发事件的应对与处理。

第四章 问 责

第十二条 建立教育重大突发事件督导问责机制，将专项督导结果作为对相关单位和负责人进行责任追究的重要依据。

第十三条 对教育重大突发事件应对处理工作责任不落实、应对不积极、处理不妥当的地区、单位和个人，建议当地人民政府对其进行问责，对造成严重后果的依法追究责任。

第五章 附 则

第十四条 县级以上地方人民政府教育督导机构可结合实际，参照本办法制定本地教育重大突发事件专项督导具体实施方案。

第十五条 本办法自发布之日起施行。

专业技术人员继续教育规定

中华人民共和国人力资源和社会保障部令

第 25 号

《专业技术人员继续教育规定》已经 2015 年 8 月 3 日人力资源社会保障部第 70 次部务会讨论通过，现予公布，自 2015 年 10 月 1 日起施行。

人力资源和社会保障部部长
2015 年 8 月 13 日

第一章　总　则

第一条　为了规范继续教育活动，保障专业技术人员权益，不断提高专业技术人员素质，根据有关法律法规和国务院规定，制定本规定。

第二条　国家机关、企业、事业单位以及社会团体等组织（以下称用人单位）的专业技术人员继续教育（以下称继续教育)，适用本规定。

第三条 继续教育应当以经济社会发展和科技进步为导向，以能力建设为核心，突出针对性、实用性和前瞻性，坚持理论联系实际、按需施教、讲求实效、培养与使用相结合的原则。

第四条 用人单位应当保障专业技术人员参加继续教育的权利。

专业技术人员应当适应岗位需要和职业发展的要求，积极参加继续教育，完善知识结构、增强创新能力、提高专业水平。

第五条 继续教育实行政府、社会、用人单位和个人共同投入机制。

国家机关的专业技术人员参加继续教育所需经费应当按照国家有关规定予以保障。企业、事业单位等应当依照法律、行政法规和国家有关规定提取和使用职工教育经费，不断加大对专业技术人员继续教育经费的投入。

第六条 继续教育工作实行统筹规划、分级负责、分类指导的管理体制。

人力资源社会保障部负责对全国专业技术人员继续教育工作进行综合管理和统筹协调，制定继续教育政策，编制继续教育规划并组织实施。

县级以上地方人力资源社会保障行政部门负责对本地区专业技术人员继续教育工作进行综合管理和组织实施。

行业主管部门在各自职责范围内依法做好本行业继续教育的规划、管理和实施工作。

第二章　内容和方式

第七条 继续教育内容包括公需科目和专业科目。

公需科目包括专业技术人员应当普遍掌握的法律法规、理论政策、职业道德、技术信息等基本知识。专业科目包括专业技术人员从事专业工作应当掌握的新理论、新知识、新技术、新方法等专业知识。

第八条 专业技术人员参加继续教育的时间，每年累计应不少于90学时，其中，专业科目一般不少于总学时的三分之二。

专业技术人员通过下列方式参加继续教育的，计入本人当年继续教育学时：

（一）参加培训班、研修班或者进修班学习；

（二）参加相关的继续教育实践活动；

（三）参加远程教育；

（四）参加学术会议、学术讲座、学术访问等活动；

（五）符合规定的其他方式。

继续教育方式和学时的具体认定办法，由省、自治区、直辖市人力资源社会保障行政部门制定。

第九条 用人单位可以根据本规定，结合本单位发展战略和岗位要求，组织开展继续教育活动或者参加本行业组织的继续教育活动，为本单位专业技术人员参加继续教育提供便利。

第十条 专业技术人员根据岗位要求和职业发展需要，参加本单位组织的继续教育活动，也可以利用业余时间或者经用人单位同意利用工作时间，参加本单位组织之外的继续教育活动。

第十一条 专业技术人员按照有关法律法规规定从事有职业资格要求工作的，用人单位应当为其参加继续教育活动提供保障。

第十二条 专业技术人员经用人单位同意，脱产或者半脱产参加继续教育活动的，用人单位应当按照国家有关规定或者与劳动者的约定，支付工资、福利等待遇。

用人单位安排专业技术人员在工作时间之外参加继续教育活动的，双方应当约定费用分担方式和相关待遇。

第十三条　用人单位可以与生产、教学、科研等单位联合开展继续教育活动，建立生产、教学、科研以及项目、资金、人才相结合的继续教育模式。

第十四条　国家通过实施重大人才工程和继续教育项目、区域人才特殊培养项目、对口支援等方式，对重点领域、特殊区域和关键岗位的专业技术人员继续教育工作给予扶持。

第三章　组织管理和公共服务

第十五条　专业技术人员应当遵守有关学习纪律和管理制度，完成规定的继续教育学时。

专业技术人员承担全部或者大部分继续教育费用的，用人单位不得指定继续教育机构。

第十六条　用人单位应当建立本单位专业技术人员继续教育与使用、晋升相衔接的激励机制，把专业技术人员参加继续教育情况作为专业技术人员考核评价、岗位聘用的重要依据。

专业技术人员参加继续教育情况应当作为聘任专业技术职务或者申报评定上一级资格的重要条件。有关法律法规规定专业技术人员参加继续教育作为职业资格登记或者注册的必要条件的，从其规定。

第十七条　用人单位应当建立继续教育登记管理制度，对专业技术人员参加继续教育的种类、内容、时间和考试考核结果等情况进行记录。

第十八条　依法成立的高等院校、科研院所、大型企业的培训机构等各类教育培训机构（以下称继续教育机构）可以面向专业技术人员提供继续教育服务。

继续教育机构应当具备与继续教育目的任务相适应的场所、设施、教材和人员，建立健全相应的组织机构和管理制度。

第十九条 继续教育机构应当认真实施继续教育教学计划，向社会公开继续教育的范围、内容、收费项目及标准等情况，建立教学档案，根据考试考核结果如实出具专业技术人员参加继续教育的证明。

继续教育机构可以充分利用现代信息技术开展远程教育，形成开放式的继续教育网络，为基层、一线专业技术人员更新知识结构、提高能力素质提供便捷高效的服务。

第二十条 继续教育机构应当按照专兼职结合的原则，聘请具有丰富实践经验、理论水平高的业务骨干和专家学者，建设继续教育师资队伍。

第二十一条 人力资源社会保障部按照国家有关规定遴选培训质量高、社会效益好、在继续教育方面起引领和示范作用的继续教育机构，建设国家级专业技术人员继续教育基地。

县级以上地方人力资源社会保障行政部门和有关行业主管部门可以结合实际，建设区域性、行业性专业技术人员继续教育基地。

第二十二条 人力资源社会保障行政部门会同有关行业主管部门和行业组织，建立健全继续教育公共服务体系，搭建继续教育公共信息综合服务平台，发布继续教育公需科目指南和专业科目指南。

人力资源社会保障行政部门会同有关行业主管部门和行业组织，根据专业技术人员不同岗位、类别和层次，加强课程和教材体系建设，推荐优秀课程和优秀教材，促进优质资源共享。

第二十三条　人力资源社会保障行政部门和有关行业主管部门直接举办继续教育活动的，应当突出公益性，不得收取费用。

人力资源社会保障行政部门和有关行业主管部门委托继续教育机构举办继续教育活动的，应当依法通过招标等方式选择，并与继续教育机构签订政府采购合同，明确双方权利和义务。

鼓励和支持企业、事业单位、行业组织等举办公益性继续教育活动。

第二十四条　人力资源社会保障行政部门应当建立继续教育统计制度，对继续教育人数、时间、经费等基本情况进行常规统计和随机统计，建立专业技术人员继续教育情况数据库。

第二十五条　人力资源社会保障行政部门或者其委托的第三方评估机构可以对继续教育效果实施评估，评估结果作为政府有关项目支持的重要参考。

第二十六条　人力资源社会保障行政部门应当依法对用人单位、继续教育机构执行本规定的情况进行监督检查。

第四章　法律责任

第二十七条　用人单位违反本规定第五条、第十一条、第十二条、第十五条第二款、第十六条、第十七条规定的，由人力资源社会保障行政部门或者有关行业主管部门责令改正；给专业技术人员造成损害的，依法承担赔偿责任。

第二十八条　专业技术人员违反本规定第八条第一款、第十五条第一款规定，无正当理由不参加继续教育或者在学习期间违反学习纪律和管理制度的，用人单位可视情节给予批评教育、不予报销或者要求退还学习费用。

第二十九条　继续教育机构违反本规定第十九条第一款规定的，由人力资源社会保障行政部门或者有关行业主管部门责令改正，给予警告。

第三十条　人力资源社会保障行政部门、有关行业主管部门及其工作人员，在继续教育管理工作中不认真履行职责或者徇私舞弊、滥用职权、玩忽职守的，由其上级主管部门或者监察机关责令改正，并按照管理权限对直接负责的主管人员和其他直接责任人员依法予以处理。

第五章　附　则

第三十一条　本规定自 2015 年 10 月 1 日起施行。1995 年 11 月 1 日原人事部发布的《全国专业技术人员继续教育暂行规定》（人核培发〔1995〕131 号）同时废止。

附 录

技工学校教育督导评估暂行规定

中华人民共和国劳动部令
第9号

　　《技工学校教育督导评估暂行规定》已经 1997 年 8 月 1 日部长办公会议通过，现予以颁布，自 1997 年 9 月 1 日起施行。

劳动部部长

一九九七年八月八日

　　第一条　为了规范对技工学校的教育督导评估（以下简称督导评估）工作，促进技工学校教育质量的提高和技工学校的健康发展，根据《教育法》和《职业教育法》的有关规定，制定本规定。

　　第二条　技工学校教育督导评估工作应按照本规定执行。

　　第三条　本规定所称督导评估，是指劳动行政部门的督导评估机构对下级劳动行政部门、技工学校和学校主管部门贯彻国家教育方针、政策，执行法律、法规情况进行监督、检查和指导；

对技工学校是否达到办学标准给予认定。

第四条 督导评估包括下列内容：

（一）贯彻执行国家教育法律、法规和方针、政策的情况；

（二）执行国家办学标准、工作条例及管理制度情况；

（三）基础设施、办学条件、教学管理和教学质量；

（四）教师上岗资格、职业道德和相关待遇；

（五）学生德、智、体全面发展的情况；

（六）对学生进行职业指导和毕业生就业服务情况；

（七）承担劳动预备制度培训任务和开展其他培训情况。

第五条 督导评估机构分国家级和省级。国家级督导评估委员会由劳动部会同有关行业部门组成，办公室设在劳动部。

国家级督导评估委员会履行下列职责：

（一）制定督导评估实施方案；

（二）对国家重点技工学校、高级技工学校和国务院部委直属学校督导评估；

（三）指导地方督导评估工作；

（四）组织培训督导评估人员；

（五）总结推广督导评估工作经验，开展工作研究。

省级督导评估机构的职责由省级劳动行政部门制定。

第六条 国家级督导评估人员由劳动部聘任并颁发证书；省级督导评估人员由省级劳动行政部门聘任和颁发证书，并报劳动部备案。

第七条 督导评估人员应具备以下条件：

（一）坚持四项基本原则，热爱技工教育事业；

（二）熟悉国家有关职业教育法律、法规和政策；

（三）具有大专以上学历或同等学历；

（四）有五年以上从事职业培训或技工学校管理工作经历；

（五）身体健康。

第八条 督导评估机构可聘请企业的技师、高级技师参与督导评估。

第九条 督导评估分为综合督导评估和专项督导评估，督导评估机构根据劳动行政部门或上级督导机构的决定组织实施督导评估工作。

第十条 督导评估人员具有以下职权：

（一）列席被督导评估单位的有关会议；

（二）要求被督导评估单位提供有关文件并汇报工作；

（三）对被督导评估单位进行现场调查；

（四）到用人单位听取对技工学校毕业生的评价意见。

第十一条 督导评估人员应对被督导评估单位存在的问题提出意见，经督导评估机构确认后，被督导评估单位应采取改进措施。

第十二条 被督导评估单位或有关人员弄虚作假，不报实情的，由其主管部门责令改正；情节严重的，督导评估机构可以建议主管部门对直接责任人员给予行政处分。

第十三条 督导评估人员利用职权谋取私利或滥用职权的，视其情节由督导评估机构建议所在单位给予行政处分。

第十四条 督导评估机构可对督导评估结果进行公布。

第十五条 本规定自 1997 年 9 月 1 日起施行。

社会工作者继续教育办法

民政部关于印发社会工作者继续教育办法的通知

民发〔2009〕123 号

各省、自治区、直辖市民政厅（局），新疆生产建设兵团民政局：

《社会工作者继续教育办法》已经 2009 年 9 月 1 日部长办公会议通过，现印发给你们，请遵照执行。

二〇〇九年九月七日

第一条　为推进社会工作者继续教育工作，根据人事部、民政部《社会工作者职业水平评价暂行规定》（国人部发〔2006〕71 号）要求和国家有关专业技术人员继续教育规定，制定本办法。

第二条　本办法所称社会工作者，是指通过全国社会工作者职业水平评价取得《中华人民共和国社会工作者职业水平证书》的人员，包括助理社会工作师、社会工作师和高级社会工作师。

第三条　社会工作者继续教育的目的是使社会工作者保持良好的职业道德，不断更新、补充知识，提高专业水平和能力，提高服务质量。

助理社会工作师、社会工作师和高级社会工作师应当按照本办法要求接受继续教育，在申请社会工作者职业水平证书再登记时提交有效的继续教育证明。

第四条 民政部负责全国社会工作者继续教育管理工作。其主要职责包括：

（一）制定社会工作者继续教育政策和管理办法；

（二）组织社会工作者继续教育示范培训；

（三）指导各省、自治区、直辖市社会工作者继续教育工作。

第五条 各省、自治区、直辖市民政厅（局）和新疆生产建设兵团民政局负责本地区社会工作者继续教育的组织管理工作。其主要职责包括：

（一）制定本地区社会工作者继续教育实施方案并组织实施；

（二）对本地区社会工作者继续教育培训机构实施继续教育情况进行指导和监督检查。

第六条 社会工作者所在单位应当鼓励社会工作者参加继续教育，并在时间、经费等方面给予保障。

第七条 助理社会工作师在每一登记有效期（3 年）内接受社会工作专业继续教育的时间累计不得少于 72 小时。社会工作师、高级社会工作师在每一登记有效期（3 年）内接受社会工作专业继续教育的时间累计不得少于 90 小时。

第八条 社会工作者继续教育内容要适应其岗位需要，以提高社会工作者的理论水平和分析、解决实际问题的能力为主，注重针对性、实用性和科学性。社会工作者继续教育的主要内容包括：

（一）专业价值观和伦理；

（二）相关法律、法规、规章及政策；

（三）社会工作实务；

（四）相关理论知识。

第九条 社会工作者可以自愿选择参加以下形式的继续教育：

（一）在社会工作者继续教育主管部门备案并予以公布的社会工作者继续教育机构所组织的社会工作培训；

（二）社会工作者继续教育主管部门组织的社会工作培训；

（三）国家承认的社会工作专业学历教育；

（四）社会工作者继续教育主管部门认可的其他形式。

第十条 社会工作者接受继续教育的时间计算方法如下：

（一）参加社会工作培训并取得合格证明的，接受继续教育时间按实际培训时间计算；

（二）参加社会工作专业学历教育，取得学历或者学位的，一次性记90小时；未取得学历或者学位的，接受继续教育时间按考试合格的专业课程实际授课时间计算。

第十一条 参加社会工作培训的继续教育时间，由举办单位出具相关证明。参加社会工作专业学历教育，取得学历或者学位的，以学历（学位）证书作为证明；未取得学历或者学位的，以单科成绩单和学校出具的面授课时表作为证明。

第十二条 社会工作者继续教育机构应符合下列条件：

（一）有相应的组织机构和管理制度，开办社会工作专业教育或者开展社会工作职业培训3年以上；

（二）具有承担培训工作所需的专业师资队伍，其中，社会工作实务经验丰富的教师应占1/3以上；

（三）具备承担培训工作所需的教学场所和设施；

（四）符合法律法规和国家政策规定的其他条件。

第十三条 社会工作者继续教育机构应当根据社会工作者继续教育要求，科学开发继续教育培训课程，合理设置培训内容，有效改进培训方式，提高继续教育培训质量。

第十四条 社会工作者继续教育机构应保存培训记录至少3

年，培训记录包括被培训人员名册、培训内容、培训时间、考试或者考核成绩等材料。

第十五条 社会工作者继续教育机构应当按照有关规定合理收取培训费用并公开收费项目，不得以营利为目的。

第十六条 社会工作者继续教育主管部门应当定期对社会工作者继续教育机构开展继续教育情况进行检查、评估，并将检查、评估结果以适当的方式向社会公布。

第十七条 社会工作者继续教育机构有下列情形之一的，由社会工作者继续教育主管部门责令限期整改；逾期不改正的，由社会工作者继续教育主管部门予以通报批评并取消备案：

（一）采取虚假、欺诈等手段招揽生源的；

（二）出具虚假继续教育学时证明的；

（三）以社会工作者继续教育名义组织境内外公费旅游或者进行其他高消费活动的；

（四）违反本办法的其他行为。

第十八条 本办法自 2009 年 10 月 1 日起施行。

高等学历继续教育专业设置管理办法

教育部关于印发
《高等学历继续教育专业设置管理办法》的通知
教职成〔2016〕7号

各省、自治区、直辖市教育厅（教委）、高等教育自学考试委员会，新疆生产建设兵团教育局，有关部门（单位）教育司（局），部属各高等学校，解放军高等教育自学考试委员会，国家开放大学、考试中心：

为加强对高等学历继续教育专业设置的统筹规划与宏观管理，进一步扩大省级政府教育统筹权和高校办学自主权，促进各类高等学历继续教育健康、有序、协调发展，我部研制了《高等学历继续教育专业设置管理办法》（以下简称《管理办法》）。现将《管理办法》印发给你们，并就有关事项通知如下：

一、各地各高校要认真落实《管理办法》要求，对照现行《普通高等学校本科专业目录》《普通高等学校高等职业教育专科专业目录》和《高等学历继续教育补充专业目录》，对现设的本、专科专业进行梳理、调整和规范。2017年，各地各高校要通过全国高等学历继续教育专业管理和公共信息服务平台做好拟招生专业的申报工作（平台启用事项另行通知），自2018年起，新入学的学生全部按照目录内专业进行招生。按照"老人老办法、新人新办法"的原则，现在籍学生仍按原专业培养至毕业。

二、各地各高校要按照成人学习特点和教学规律，做好专业与课程体系建设，完善人才培养方案，增强人才培养的针对性和适用性，不断提高人才培养质量。

三、高等教育自学考试开考专业相关规定由全国高等教育自学考试指导委员会依据《管理办法》另行发布。

四、《管理办法》是教育部规范高等学历继续教育专业设置的首份文件，对于统一各类高等学历继续教育专业设置管理政策，转变管理方式，明确责任和管理程序，加强信息服务与过程监管具有重要意义。希望各省级教育行政部门、高等教育自学考试委员会要加强领导，认真组织宣传、学习和贯彻工作，确保《管理办法》的顺利实施。

实施过程中的情况和问题请及时报我部职业教育与成人教育司。

教育部

2016 年 11 月 18 日

第一章 总 则

第一条 为加强对高等学历继续教育专业设置的统筹规划与宏观管理，促进各类高等学历继续教育健康、有序、协调发展，根据《中华人民共和国高等教育法》《中华人民共和国行政许可法》《高等教育自学考试暂行条例》《国务院对确需保留的行政审批项目设定行政许可的决定》（国务院令第 412 号）等规定，制定本办法。

第二条　普通本科高校、高等职业学校、开放大学、独立设置成人高等学校（以下简称高校）举办的各类高等学历继续教育专业设置和管理，高等教育自学考试开考专业的管理，适用本办法。

第三条　高校设置高等学历继续教育专业要根据学校自身办学能力，发挥办学优势和特色，主动适应国家战略和经济社会发展需要，坚持终身学习理念，以满足学习者学习发展需求为导向，以学习者职业能力提升为重点，遵循高等教育规律和职业人才成长规律，培养具有较高综合素养、适应职业发展需要、具有创新意识的应用型人才。

第四条　教育部负责高等学历继续教育专业设置、高等教育自学考试开考专业设置的政策制定和宏观管理。

省级教育行政部门负责本行政区域内高校高等学历继续教育专业设置的统筹指导和监管服务。

高校依照相关规定自主设置和调整高等学历继续教育专业。

全国高等教育自学考试指导委员会（以下简称全国考委）负责制订高等教育自学考试开考专业清单和基本规范。

受教育部委托，国家行业主管部门、行业组织负责对本行业领域相关高等学历继续教育专业设置进行指导。

第五条　教育部组织设立高等学历继续教育专业设置评议专家组织。省级教育行政部门、高校设立相应的专业设置评议专家组织，或在现有专家组织中增加高等学历继续教育专业设置评议职能。充分发挥专家组织在高等学历继续教育专业设置、建设、监督与评估方面的政策研究、论证审议和决策咨询作用。

第六条　教育部建立全国高等学历继续教育专业管理和公共信息服务平台（以下简称信息平台），对高等学历继续教育专业设置实行全程信息化管理与服务。

第二章　专业目录

第七条　高等学历继续教育本、专科专业目录由《普通高等学校本科专业目录》《普通高等学校高等职业教育专科专业目录》和《高等学历继续教育补充专业目录》（见附件）组成。《高等学历继续教育补充专业目录》由教育部制定、发布，适时调整，实行动态管理。

第八条　全国考委、国家行业主管部门、行业组织、开放大学和独立设置的成人高校可对《高等学历继续教育补充专业目录》提出增补专业的建议。材料内容包括：相关行业（职业）人才需求报告、专业设置必要性和可行性论证报告、专业简介等。省级教育行政部门对本行政区域内高校提出的增补专业建议进行评议汇总，于每年11月30日前上报信息平台。全国考委、国家行业主管部门、行业组织可直接向教育部提交建议材料。教育部组织专家确定增补、撤销或更名的专业名单，适时向社会发布。

第九条　高等学历继续教育国家控制专业为现行《普通高等学校本科专业目录》《普通高等学校高等职业教育专科专业目录》中已经明确的国家控制专业。

第三章　专业设置的基本条件和程序

第十条　高校设置高等学历继续教育专业，应同时具备以下基本条件：

（一）符合学校的办学定位和发展规划。

（二）适应经济社会发展和产业结构调整需要，满足学习者多样化终身学习需求。

（三）有科学、规范、完整的专业人才培养方案及其所必需的教师队伍及教学辅助人员。

（四）具备开办专业所必需的经费、教学设施、图书资料或数字化学习资源、仪器设备、实习实训场所等办学条件，有保障专业可持续发展的相关制度和必要措施。

第十一条 普通本科高校、高等职业学校须在本校已开设的全日制教育本、专科专业范围内设置高等学历继续教育本、专科专业，并可根据社会需求设置专业方向，但专业方向名称不能与高等学历继续教育本、专科专业目录中已有专业名称相同，不能涉及国家控制专业对应的相关行业。具体程序为：

（一）各高校通过信息平台填报当年拟招生专业及相关信息。

（二）省级教育行政部门统筹汇总本行政区域内高校提交的专业信息，并通过信息平台提交教育部。

（三）教育部对各地上报的专业信息进行汇总并向社会公布。

第十二条 开放大学和独立设置的成人高校根据自身办学条件可在高等学历继续教育本、专科专业目录中设置高等学历继续教育专业，并可根据社会需求设置专业方向，具体要求同第十一条。具体程序为：

（一）对于拟设置的新专业，学校要组织校内有关专业设置评议专家组进行审议，通过信息平台提交人才需求报告、专业论证报告和人才培养方案等申请材料。信息平台将面向社会公示一个月，学校官方网站应同步公示。公示期满后，学校对公示期间收到的意见进行研究处理，及时将意见处理情况及修改后的申请材料提交信息平台。

（二）对于已开设的专业，各校通过信息平台填报当年拟招生专业及相关信息。

（三）省级教育行政部门根据本省（区、市）实际，对本行政区域内开放大学和独立设置的成人高校提交的新设专业申请材料和当年拟招生专业信息进行统筹汇总，通过信息平台提交教育部。

（四）教育部对各地上报的专业信息进行汇总并向社会公布。

第十三条 开放大学和独立设置的成人高校设置高等学历继续教育国家控制专业，具体程序为：

（一）学校通过信息平台填报当年拟招生国家控制专业及相关信息。

（二）省级教育行政部门在取得相关行业主管部门意见后，将本省（区、市）内拟新设国家控制专业的申请材料报送教育部。

（三）教育部按照现有国家控制专业审批办法管理。

第十四条 各类高校拟招生专业及相关信息须于当年 1 月 31 日前通过信息平台填报；省级教育行政部门对本行政区域内各类高校提交的专业信息统筹汇总后，须于当年 3 月 31 日前通过信息平台提交教育部；教育部对各地上报的专业信息进行汇总，于当年 5 月 31 日前向社会公布专业备案或审批结果。

第十五条 全国考委在高等学历继续教育本、专科专业目录范围内，确定高等教育自学考试开考专业清单，制订相应专业基本规范，并于当年 5 月 31 日前通过信息平台公布。各省（区、市）高等教育自学考试委员会、军队高等教育自学考试委员会在清单范围内选择开考专业。

第四章　监督与评估

第十六条 教育部和全国考委将充分运用信息平台监测高等学历继续教育专业设置的工作运行，全面掌握专业设置整体情况和动态信息，及时公布全国高等学历继续教育专业设置和调整情况。推动建立教育行政部门、行业组织、第三方机构、高校等多方参与的监管制度和评价机制。

第十七条 省级教育行政部门要充分运用信息平台掌握本行政区域内的高校继续教育专业设置情况，制订高等学历继续教育专业检查和评估办法，加强对高校高等学历继续教育专业建设的监督与评估，评估结果作为该专业继续招生、暂停招生的依据。对存在人才培养定位不适应社会需求、办学条件严重不足、教学（考试）管理严重不规范、教育质量低下等情况，省级教育行政部门要视情节责令有关高校对相应专业进行限期整改，完成整改前，该专业暂停招生，且高校不得设置新专业；情节严重且拒不整改的，省级教育行政部门应建议高校主管部门停止该专业招生。

第十八条 对未按本办法设置的高等学历继续教育专业，高校不得进行宣传和组织招生。对违反本办法擅自设置专业或经查实申请材料弄虚作假的高校，教育部和省级教育行政部门将予以公开通报批评并责令整改，情节严重的，三年内不得增设高等学历继续教育专业。

第十九条 高校应加强高等学历继续教育专业建设，建立和完善自我评价机制。鼓励引入专门机构或社会第三方机构对学校高等学历继续教育专业办学水平和质量进行评估及认证。

第五章 附 则

第二十条 全国考委、省级教育行政部门依据本办法制订实施细则，报教育部备案后实施。

第二十一条 本办法自发布之日起实施。

附件：高等学历继续教育补充专业目录（略）

国家公派出国留学研究生
管理规定（试行）

教育部　财政部关于印发《国家公派出国留学

研究生管理规定（试行）》的通知

教外留〔2007〕46号

各省、自治区、直辖市教育厅（教委），新疆生产建设兵
团教育局，有关高等学校，有关驻外使（领）馆教育
（文化）处（组），国家留学基金管理委员会、教育部留
学服务中心、教育部出国留学人员上海集训部、广州留
学人员服务管理中心：

　　为加快高层次人才培养，进一步规范国家公派出国
留学研究生派出和管理工作，提高国家公派出国留学效
益，现将《国家公派出国留学研究生管理规定（试
行）》印发给你们，请遵照执行。

教育部

二○○七年七月十六日

第一章 总 则

第一条 为实施国家科教兴国和人才强国战略，加快高层次人才培养，规范国家公派出国留学研究生（以下简称公派研究生）派出管理工作，提高国家公派出国留学效益，制定本规定。

第二条 本规定所称公派研究生是指按照国家留学基金资助方式选派到国外攻读硕士、博士学位的研究生，以及在国内攻读博士学位期间赴国外从事课题研究的联合培养博士研究生。

第三条 公派研究生选拔、派出和管理部门的职责是：

1. 国家留学基金管理委员会（以下简称留学基金委）在教育部领导下，按照国家公派出国留学方针政策，负责公派研究生的选拔和管理等工作。

2. 我驻外使（领）馆教育（文化）处（组）（以下简称使领馆）负责公派研究生在国外留学期间的管理工作。

3. 教育部留学服务中心、教育部出国留学人员上海集训部、广州留学人员服务管理中心等部门（以下简称留学服务机构）负责为公派研究生出国留学办理签证、购买出国机票等提供服务。

4. 公派研究生推选单位根据国家留学基金重点资助领域，结合本单位学科建设规划和人才培养计划，负责向留学基金委推荐品学兼优的人选，指导联系国外高水平学校，对公派研究生在国外留学期间的业务学习进行必要指导。

推选单位应对推选的公派研究生切实负起管理责任，与留学基金委和使领馆共同做好公派研究生管理工作。

第二章　选拔与派出

第四条　公派研究生选拔按照"个人申请，单位推荐，专家评审，择优录取"方式进行。具体办法另行制定。

第五条　留学基金委完成公派研究生选拔录取工作后应及时将录取文件与名单通知推选单位、留学服务机构和有关使领馆。

第六条　国家对公派研究生实行"签约派出，违约赔偿"的管理办法。公派研究生出国前应与留学基金委签订《资助出国留学协议书》（见附1，以下简称《协议书》）、交纳出国留学保证金。《协议书》须经公证生效。

经公证的《协议书》应交存推选单位一份备案。

第七条　公派研究生（在职人员除外）原则上应与推选单位签订意（定）向就业协议后派出。

第八条　出国前系在校学生的公派研究生出国留学，应及时办理学籍和离校等有关手续。推选单位应在国家规定的留学期限内保存档案和户籍。

在校生超过规定留学期限未归，其档案和户籍由推选单位按照有关规定办理。

第九条　出国前系应届毕业生的公派研究生出国留学，推选单位应在国家规定的留学期限内保存档案和户籍。

应届毕业生超过规定留学期限未归，推选单位可将其档案和户籍迁转回生源所在地。

第十条　推选单位应设置专门机构和人员，归口负责公派研究生管理工作，建立专门的公派研究生管理档案；对本单位公派研究生统一进行出国前的思想教育和培训，组织学习国家公派留学有关政策和管理规定，对办理出国手续进行指导和帮助；为公派研究生指定专门的指导教师或联系人。

指定教师或联系人应与公派研究生保持经常联系，对其专业学习进行指导，发现问题，及时解决。

第十一条　留学服务机构依据留学基金委提供的录取文件和公派研究生本人所持《国家留学基金资助出国留学资格证书》（见附2），代为验收公派研究生的《协议书》和查验"出国留学保证金交存证明"后，按有关规定办理出国手续，开具《国家公派留学人员报到证明》（见附3）等。

第十二条　留学服务机构为公派研究生办理出国手续后，应及时准确地将出国信息和有关材料报送我有关使领馆和留学基金委，保证国内外管理工作有效衔接。

第三章　国外管理与联系

第十三条　公派研究生应在抵达留学目的地 10 日内凭《国家留学基金资助出国留学资格证书》和《国家公派留学人员报到证明》向所属使领馆报到（本人到场或邮寄等适当方式），并按使领馆要求办理报到或网上注册等手续。

第十四条　公派研究生应与使领馆和推选单位保持经常联系，每学期末向使领馆和国内推选单位报送《国家公派出国留学人员学习/研修情况报告表》（见附4）。

第十五条　公派研究生在留学期间应自觉维护祖国荣誉，遵守我国和留学所在国法律，尊重当地人民的风俗习惯，与当地人民友好交往。

第十六条　使领馆应高度重视，积极关心公派研究生在外学习期间思想和学习情况，建立定期联系、随访制度，认真及时做好对公派研究生的经费发放工作。每学年向教育部、留学基金委报告公派研究生在外管理情况。

第十七条　推选单位应积极配合留学基金委和使领馆处理管理过程中出现的有关问题。对公派研究生留学期间申请延长留学期限、提前回国、从事博士后研究等问题，应及时向留学基金委提出明确意见，并采取有效措施确保本单位推选的公派研究生学有所成、回国服务。

第十八条　国家留学基金为公派研究生提供的奖学金中包含伙食费、住宿费、交通费、电话费、书籍资料费、医疗保险费、交际费、一次性安置费和零用费等。公派研究生抵达留学所在国后，应从留学所在国实际情况出发，并按照留学所在国政府或留学院校（研究机构）要求及时购买医疗保险。

第十九条　公派研究生应勤奋学习，提高效率，在规定留学期限内完成学业并按期回国服务。未经留学基金委批准同意，留学期间不得擅自改变留学身份、留学期限、留学国家和留学院校（研究机构）。

提前取得学位回国视为提前完成留学计划、按期回国。

公派研究生不得申请办理有关移民国家的豁免。

第二十条　公派研究生一般应在被录取留学院校（研究机构）完成学业。在规定的留学期限内确因学业或研究需要变更留学单位，应履行下列手续：

在所留学院校（研究机构）内部变更院系或专业，应出示推选单位和国外导师（合作者）的同意函，报使领馆备案；

变更留学院校（研究机构），应提前两个月向使领馆提出申请，出具推选单位意见函、原留学院校或导师（合作者）意见函和新接受留学院校或导师（合作者）的同意接受函，由使领馆报留学基金委审批。

留学单位的变更只限于在原留学所在国内。

经批准变更留学院校的公派研究生抵达新的留学院校后，应于 10 日内向现所属使领馆报到。原所属使领馆应将有关情况和材料及时转交（告）现所属使领馆，共同做好管理上的衔接工作。

第二十一条　公派研究生因故不能继续学习、确需提前回国者，应向使领馆提出申请，出具推选单位和国外留学院校或导师（合作者）意见以及相关证明，由使领馆报留学基金委审批。

公派研究生一经批准提前回国，当次国家公派留学资格即终止。

经留学基金委批准提前回国的公派研究生中，推选单位按照学校（籍）管理规定可以为其恢复国内学业（籍）者，由推选单位按规定办理复学手续；在职人员回原人事关系所在单位；应届毕业生按已有毕业学历自谋职业。

对未经批准擅自提前回国者，留学基金委根据有关规定处理。

第二十二条　公派研究生留学期间可利用留学所在国留学院校（研究机构）假期回国休假或收集资料。回国休假或收集资料应征得留学院校或导师（合作者）同意，报使领馆审批。

公派研究生在规定的留学期限内可以回国休假：留学期限在 12 个月至 24 个月（含）之间的，回国时间不超过 1 个月，奖学金照发；留学期限在 24 个月（不含）以上的，回国时间不超过 2 个月或每年一次不超过 1 个月，奖学金照发，回国旅费自理；回国时间超过以上次数和时间，自超出之日起停发奖学金。

在规定的留学期限内赴留学所在国以外国家休假或考察，费用自理，在同一年度内，公派研究生回国休假或赴留学所在国以外国家休假或考察只能选择一项，不能同时享受。赴留学所在国以外国家休假或考察，一次不超过 15 天的，奖学金照发；超过以上次数和时间的，自超出之日起停发奖学金。

第二十三条　公派研究生因病不能坚持学习中途休学回国，应征得留学院校导师（合作者）同意，办理或补办国外留学院校学籍保留手续，使领馆应及时将有关情况报留学基金委审批。

公派研究生因病中途休学回国一般以一学期为限；期满未康复可申请继续休学，累计不应超过一年（含）。在此期间经治疗康复，应向留学基金委提交国内医疗机构体检合格证明、推选单位意见和国外留学院校学籍保留及同意接收函等相关材料，留学基金委征求使领馆意见后决定其是否返回留学国继续完成学业；经治疗仍无法返回留学国进行正常学习者，按第二十一条作为提前回国办理。

公派研究生因病中途休学回国时间累计超过一年，国家公派留学资格自动取消。推选单位按照学校（籍）管理规定可以为其恢复国内学业（籍）者，由推选单位按学校（籍）管理规定办理复学手续；在职人员回原人事关系所在单位；应届毕业生按已有毕业学历自谋职业。

公派研究生因病中途休学回国期间，国外奖学金生活费停发；出国前系在职（校）人员者，因病中途休学回国期间的国内医疗费由推选单位按本单位规定负担；出国前系非在职（校）人员者，国内医疗费由个人负担。

第二十四条　公派研究生在留学期间参加国际学术会议或进行短期学术考察，应征得留学院校导师（合作者）同意并向使领馆报告。

参加国际学术会议或短期学术考察的费用自理。

第二十五条 公派研究生在规定留学期限内未能获得学位者，如因学业问题确需延长学习时间且留学院校导师证明可在延长时间内获得学位，由本人提前 2 个月向使领馆提交书面申请，出具留学院校导师和推选单位意见函，由使领馆根据其日常学习表现提出明确意见，报留学基金委审批。

经批准延长期限者应与留学基金委办理续签《协议书》等有关手续。

批准延长期限内费用自理。

第二十六条 公派研究生在规定留学期限内虽经努力但仍无法获得学位者，使领馆应将其学习态度、日常表现和所在国留学院校实际情况报告留学基金委，经批准后开具有关证明，办理结（肄）业手续回国。

第二十七条 对于国家急需专业领域的、在国外获得博士学位的公派研究生，在留学所在国签证政策允许前提下，经推选单位同意、留学基金委批准并办理续签《协议书》手续，可继续从事不超过两年的博士后研究。

1. 公派研究生本人应提前 2 个月向使领馆提出申请，出具推选单位和国外留学院校或导师（合作者）意见函，由使领馆提出明确意见报留学基金委审批。

2. 留学基金委根据博士后研究课题与国家科学技术、经济发展结合情况进行审批，必要时组织专家进行评议和评审。博士后研究结束回国，应向留学基金委提交研究成果报告。

3. 从事博士后研究期间一切费用自理。

第二十八条 对纪律涣散、从事与学业无关的活动严重影响学习、留学院校和导师（合作者）反映其表现恶劣者，使领馆一经发现应给予批评教育；对仍不改正者，要及时报告留学基金委，留学基金委按照有关规定处理。

第二十九条 公派研究生学习期满回国，由使领馆按国家规定选定回国路线、提供国际旅费，乘坐中国民航班机回国；无中国民航班机，购买外国航班机票应以安全、经济为原则。

第三十条 公派研究生一经签约派出，其在外期间的国家公派留学身份不因经费资助来源或待遇变化而改变。如获其他奖学金，应经留学基金委同意并签订补充协议，且始终应遵守国家公派留学有关规定，履行按期回国服务等相关义务。

如自行放弃国家留学基金资助和国家公派留学身份、单方面终止协议，留学基金委按照有关规定处理。

第三十一条 公派研究生留学期间改变国籍，视为放弃国家公派留学身份，留学基金委按照有关规定处理。

第四章 回国与服务

第三十二条 公派研究生应按期回国，填写《国家公派出国留学人员回国报到提取保证金证明表》（见附5），由推选单位在相应栏目中签署意见，尽快向留学基金委报到（京外人员可通过信函、传真或电子邮件方式报到），按要求递交书面材料。留学基金委审核上述材料后，通知有关金融机构将出国前交存的保证金返还公派研究生本人。

第三十三条 公派研究生（不含在职人员）学成回国，按照国家有关就业政策和规定以及与国内有关单位的定（意）向协议就业。

第三十四条 推选单位要把公派研究生的回国工作纳入本单位人才培养总体规划，对学成回国研究生的就业、创业等问题积极加以引导，为其回国工作和创业创造有利条件。

第三十五条 教育部留学服务中心应按照国家规定，为在国外取得学位回国、落实工作单位的公派研究生办理回国工作的相关手续，为其回国工作和创业提供必要的服务。

公派研究生出国前与推选单位签有回国定向就业协议的，推选单位应及时将该名单报教育部留学服务中心备案。

联合培养博士研究生回国后应回推选单位办理以上有关手续。

第三十六条 公派研究生按期回国后应在国内连续服务至少两年。

第五章　违约追偿

第三十七条 在留学期间擅自变更留学国别和留学身份、自行放弃国家留学基金资助和国家公派留学身份、单方面终止协议、未完成留学计划擅自提前回国、从事与学业无关活动严重影响学习、表现极为恶劣以及未按规定留学期限回国逾期 3 个月（不含）以上、未完成回国服务期等违反《协议书》约定的行为，构成全部违约。违约人员应赔偿全部留学基金资助费用并支付全部留学基金资助费用 30% 的违约金。

未按规定留学期限回国逾期 3 个月（含）以内的行为，构成部分违约。违约人员应赔偿全部留学基金资助费用 20% 的违约金。经使领馆批准，仍可提供回国机票。

因航班等特殊原因超出规定留学期限 1 个月（含）以内抵达国内的，不作违约处理。

第三十八条 出国前尚未还清国家助学贷款的留学人员，出国期间应按国家助学贷款有关规定偿还贷款，确有偿还困难的应办理相应延期手续；对逾期不归违约人员，应按《协议书》和国家助学贷款有关规定履行相关义务。

第三十九条 使领馆应及时将公派研究生违约情况和为其资助留学经费情况报告留学基金委，协助留学基金委做好违约追偿工作。

第四十条 推选单位应及时向留学基金委提供所掌握的本单位违约人员的有关情况和信息，协助留学基金委开展违约追偿工作。

第四十一条 对违反《协议书》约定的违约行为，留学基金委根据国家法律规定和《协议书》有关条款对违约人进行违约追偿。违约人本人或其保证人（即协议书丙方）应承担相应违约责任。

1. 如违约人员按《协议书》规定承担相应违约责任，如数予以经济赔偿，不再追究其法律责任。如违约人员未按《协议书》规定承担违约责任做出赔偿，则将要求其国内保证人承担经济责任。如违约人员及其保证人均不承担约定的经济赔偿责任，则将在国内通过法律途径解决。

2. 对违约事件，特别是对不按《协议书》约定履行经济赔偿责任者，除通过法律途径解决外，必要时还将采取其它辅助手段，如以留学基金委名义向国外有关方面通报违约事实；将违约名单予以公布等。

3. 违约人员完成经济赔偿后，即了结了与留学基金委所签《协议书》的义务，但国家公派留学人员的身份不变。协议了结情况由留学基金委通报使领馆、违约人员本人和推选单位。

第六章 评 估

第四十二条 教育部建立评估体系和激励机制，对公派研究生出国留学的总体效益和有关项目的实施情况进行评估，特别对各推选单位派出人员的质量、留学效果和按期回国等情况进行综合评估，并根据评估结果调整各推选单位的选派计划和选派规模，以保证国家留学基金的使用效益和国家人才培养目标的实现。

该评估也将作为对有关使领馆和留学服务机构留学管理与服务工作绩效评估的一部分，以促进留学管理工作的加强与提高。

第七章　附　则

第四十三条　本规定由教育部、财政部负责解释。

第四十四条　本规定自印发之日起施行。此前已印发的有关规定与本规定相抵触的，以本规定为准。

附件：

1. 资助出国留学协议书（略）

2. 国家留学基金资助出国留学资格证书（略）

3. 国家公派留学人员报到证明（略）

4. 国家公派出国留学人员学习、研修情况报告表（略）

5. 国家公派出国留学人员回国报到提取保证金证明表（略）

附 录

出国留学经费管理办法

财政部　教育部关于印发《出国留学经费管理办法》的通知
财教〔2013〕411 号

党中央有关部门，国务院有关部委、有关直属机构，各
省、自治区、直辖市、计划单列市财政厅（局）、教育厅
（教委、教育局），新疆生产建设兵团财务局、教育局，
国家留学基金管理委员会，教育部留学服务中心，有关
驻外使（领）馆：

　　为贯彻《国家中长期教育改革和发展规划纲要
（2010—2020 年）》有关精神，进一步做好出国留学经
费管理工作，提高经费使用效益，现将《出国留学经费
管理办法》印发给你们，请遵照执行。

财政部　教育部

2013 年 11 月 2 日

第一章　总　则

第一条　为贯彻落实人才强国战略，推动出国留学事业发展，

国家设立出国留学专项经费。为规范出国留学经费管理，提高经费使用效益，根据国家有关规定，制定本办法。

第二条　本办法所称"出国留学经费"，是指用于资助国家公派出国留学人员赴国外学习、访问、交流，奖励优秀自费出国留学人员，支持出国留学人员回国服务，以及开展留学管理工作的经费。

第三条　本办法所称"出国留学人员"，是指根据项目要求，通过专家评审，择优公平选拔的赴国外学习、进修、交流、科研的人员。

第四条　出国留学经费管理的基本任务是：明确经费管理责任和要求，确定经费收入来源、支出范围，加强预决算管理，保障经费合理使用。

第二章　预算管理

第五条　国家留学基金管理委员会根据国家留学政策，提出下一年度出国留学工作计划，拟定留学项目、留学人员规模、留学人员结构等，于每年编制预算前，报教育部、财政部。

第六条　国家留学基金管理委员会、教育部留学服务中心和承担组织管理任务的其他机构等单位（以下简称各单位），根据年度工作计划，按照中央部门预算规定程序，编制出国留学经费预算，纳入部门预算。出国留学经费预算编制应当坚持"量入为出、收支平衡"的原则，不得编制赤字预算。

第七条　出国留学经费预算由收入预算和支出预算组成。

第八条　出国留学经费预算编制依据包括：

（一）享受出国留学经费资助的预计人数和各项资助标准；

（二）组织管理工作需要和业务费用开支标准；

（三）各项收入预计规模；

（四）以前年度出国留学经费结转和结余情况。

第九条 出国留学经费预算一经批复，应当严格执行，一般不予调整。确需调整的，按规定程序报批。

第十条 各单位应加强预算执行的控制和管理，定期分析预算执行情况，按照财政部、教育部有关要求，报送出国留学经费专项分析报告，报告应当真实、准确、及时、完整。

第十一条 年度终了，各单位应编制决算，纳入部门决算，报送教育部、财政部审核批复。

第十二条 出国留学经费年度结转、结余资金按照财政部有关结转、结余资金管理规定执行。

第三章 收入管理

第十三条 出国留学经费预算收入包括：

（一）中央财政拨款，是指从财政部取得的财政拨款。

（二）捐赠收入，是指依法接受自然人、法人或其他组织捐赠，并用于开展出国留学工作的收入。

（三）合作收入，是指在开展出国留学工作过程中，与有关政府部门、企事业单位开展合作，按照合作协议取得的收入。

（四）其他收入，是指上述收入以外，依法取得的违约赔偿收入等。

第十四条 出国留学经费收入管理应当遵循以下要求：

（一）依法取得各项收入。

（二）各项收入应当全部纳入部门预算，统一管理，不得隐瞒、滞留、截留、挪用和坐支。

（三）各项收入应当全部用于出国留学资助和组织管理工作；有限定条件的捐赠收入按捐赠协议执行。

第四章 支出管理

第十五条 出国留学经费预算支出包括资助经费支出和组织管理经费支出。其中，资助经费支出包括出国留学资助经费支出、留学回国资助经费支出以及其他资助经费支出。

第十六条 出国留学资助经费支出包括：

（一）学费、注册费或研修费，是指用于资助符合条件的留学人员支付国外留学机构的学费、注册费或研修费等。

（二）奖学金，包括国家公派留学人员奖学金和自费留学人员奖学金。国家公派留学人员奖学金用于资助国家公派留学人员在国外学习期间的基本学习生活费用。自费留学人员奖学金用于奖励优秀自费留学人员。

（三）艰苦地区补贴，是指用于发放赴条件艰苦国家（地区）的国家公派留学人员特殊生活补贴。

（四）国际旅费，是指用于资助国家公派留学人员出国及结业回国的交通费。

（五）签证护照费，是指用于资助国家公派留学人员办理签证、护照的费用。

出国留学人员根据留学项目类别、留学国别、留学身份等因素全额或部分享受以上资助项目。

第十七条 留学回国资助经费支出，是指用于资助回国工作留学人员和已取得突出成就的留学人员回国开展科研合作、交流等活动的经费支出。

第十八条 其他资助经费支出，是指经财政部、教育部批准的其他资助经费支出。

第十九条 组织管理经费支出包括：

（一）选派和跟踪管理经费，是指用于开展出国留学人员申请受理、选拔、录取、派出、违约追偿、跟踪管理等工作的经费。

（二）宣传教育经费，是指用于加强与留学人员联系，对留学人员进行宣传教育，组织和支持出国留学人员开展各种集体活动的经费。

（三）培训经费，是指用于对出国留学人员出国前开展的语言、文化、心理、安全、专业预备教育等培训的经费。

第二十条　出国留学经费资助对象主要包括高级研究学者、访问学者、博士后、博士生、硕士生、本科生。

第二十一条　出国留学经费资助的留学项目类别包括：

（一）国家公派高级研究学者、访问学者（含博士后）项目；

（二）国家建设高水平大学公派研究生项目；

（三）国家公派硕士研究生项目；

（四）国家公派优秀本科生国际交流项目；

（五）高校合作项目；

（六）地方和行业部门合作项目；

（七）政府互换项目；

（八）中外合作项目；

（九）优秀自费留学生奖学金项目；

（十）经教育部、财政部批准的其他留学项目。

第二十二条　财政部、教育部确定出国留学经费开支范围和支出标准，并建立出国留学经费支出标准动态调整机制。各单位不得擅自扩大支出范围或提高支出标准。中外合作项目中，合作双方对资助内容和标准另有协议的，按协议规定办理。

奖学金和艰苦地区补贴标准，由财政部、教育部根据出国留学人员基本学习生活需要、国外主要生活用品物价水平以及国家财力状况等确定。

回国科研活动经费资助方式和标准由财政部、教育部根据留学人员回国科研工作特点、国内社会经济发展水平及国家财力状况等确定。

第二十三条 出国留学经费应当按照以下方式发放：

奖学金和艰苦地区补贴，由驻外使（领）馆或教育部确定的其他机构发放给留学人员。

学费、注册费和研修费，由驻外使（领）馆统一支付。

国际旅费和签证护照费等，由驻外使（领）馆或教育部确定的其他机构，根据实际发生的费用统一支付。

回国科研活动经费，拨付至受资助人员单位或由教育部确定其他拨付方式。

第二十四条 各单位应当严格执行财政部、教育部有关国有资产管理规定，对使用出国留学经费形成的国有资产的配置、使用、处置等加强管理，保障国有资产的安全完整，防止国有资产流失。

第五章 监督检查和绩效考核

第二十五条 各单位应当建立科学、合理的经费监督管理机制，单位负责人对出国留学经费收支的真实性、合法性、完整性负责，财务人员应当对出国留学经费依法进行会计核算和监督。各单位应当严格遵守财务相关制度，接受财政、教育、审计等部门的监督检查。

第二十六条 财政部、教育部对出国留学经费的使用情况进行定期或不定期检查。如发现隐瞒、滞留、截留、挤占、挪用出国留学经费现象，或因管理不善造成资金浪费、物资设备毁损等情况，将依照有关规定追究责任，涉嫌犯罪的，依法移送司法机关处理。

第二十七条 财政部、教育部对出国留学经费实行绩效考评。绩效考评以预算执行情况、各类资助发放情况、信息化建设水平等为主要依据，对出国留学经费使用效益进行评估，绩效考核结果作为预算安排的重要依据。

第六章 附 则

第二十八条 本办法由财政部、教育部负责解释。

第二十九条 本办法自印发之日起施行。

学校招收和培养国际学生管理办法

中华人民共和国教育部
中华人民共和国外交部
中华人民共和国公安部令
第 42 号

根据法律法规和部门管理职责，教育部、外交部、公安部联合制定了《学校招收和培养国际学生管理办法》。现予公布，自 2017 年 7 月 1 日起施行。

教育部部长
外交部部长
公安部部长
2017 年 3 月 20 日

第一章　总　则

第一条　为规范学校招收、培养、管理国际学生的行为，为国际学生在中国境内学校学习提供便利，增进教育对外交流与合作，提高中国教育国际化水平，根据《中华人民共和国教育法》《中华人民共和国出境入境管理法》等法律法规，制定本办法。

第二条 本办法所称学校，是指中华人民共和国境内实施学前教育、初等教育、中等教育和高等教育的学校。

本办法所称国际学生，是指根据《中华人民共和国国籍法》不具有中国国籍且在学校接受教育的外国学生。

本办法第二至五章适用于高等学校。实施学前、初等、中等教育的学校，其对国际学生的招生、教学和校内管理，按照省、自治区、直辖市的规定执行。

第三条 学校招收和培养国际学生，应当遵守中国法律法规和国家政策；应当维护国家主权、安全和社会公共利益；应当规范管理、保证质量。

国际学生应当遵守中国法律法规，尊重中国风俗习惯，遵守学校规章制度，完成学校学习任务。

第四条 国务院教育行政部门统筹管理全国国际学生工作，负责制定招收、培养国际学生的宏观政策，指导、协调省、自治区、直辖市人民政府教育行政部门和学校开展国际学生工作，并可委托有关单位和行业组织承担国际学生的管理和服务工作。

国务院外交、公安等行政部门按照职责分工，做好国际学生的相关管理工作。

第五条 省、自治区、直辖市人民政府教育行政部门对本行政区域内国际学生工作进行指导、协调和监管，负责研究制定本行政区域内学前、初等、中等教育阶段国际学生工作的相关政策。

省、自治区、直辖市人民政府外事、公安等行政部门按照职责分工，做好国际学生的相关管理工作。

第六条　招收国际学生的学校，应当建立健全国际学生招收、培养、管理和服务制度，具体负责国际学生的招收与培养。

第二章　招生管理

第七条　招收国际学生的高等学校，应当具备相应的教育教学条件和培养能力，并依照国家有关规定自主招收国际学生。

第八条　招收国际学生的高等学校，应当按照国务院教育行政部门规定的事项和程序进行备案。

第九条　高等学校招收国际学生，接受学历教育的类别为：专科生、本科生、硕士研究生和博士研究生；接受非学历教育的类别为：预科生、进修生和研究学者。

第十条　高等学校按照其办学条件和培养能力自主确定国际学生招生计划和专业，国家另有规定的除外。

第十一条　高等学校按照国家招生规定，制定和公布本校国际学生招生简章，并按照招生简章规定的条件和程序招收国际学生。

第十二条　高等学校应当对报名申请的外国公民的入学资格和经济保证证明进行审查，对其进行考试或者考核。国际学生的录取由学校决定；对不符合招生条件的，学校不得招收。

第十三条　高等学校经征得原招生学校同意，可以接收由其他学校录取或者转学的国际学生。

第十四条　高等学校对国际学生的收费项目和标准，按照国家有关规定执行。

高等学校应当公布对国际学生的收费项目、收费标准和退学、转学的退费规定。收费、退费以人民币计价。

第三章 教学管理

第十五条 高等学校应当将国际学生教学计划纳入学校总体教学计划，选派适合国际学生教学的师资，建立健全教育教学质量保障制度。

第十六条 国际学生应当按照高等学校的课程安排和教学计划参加课程学习，并应当按照规定参加相应的毕业考试或者考核。学校应当如实记录其学习成绩和日常表现。

汉语和中国概况应当作为高等学历教育的必修课；政治理论应当作为学习哲学、政治学专业的国际学生的必修课。

第十七条 国际学生入学后，经学生申请、高等学校同意，国际学生可以转专业。转专业条件和程序由学校规定。

第十八条 中华人民共和国通用语言文字是高等学校培养国际学生的基本教学语言。对国家通用语言文字水平达不到学习要求的国际学生，学校可以提供必要的补习条件。

第十九条 具备条件的高等学校，可以为国际学生开设使用外国语言进行教学的专业课程。使用外国语言接受高等学历教育的国际学生，学位论文可以使用相应的外国文字撰写，论文摘要应为中文；学位论文答辩是否使用外国语言，由学校确定。

第二十条 高等学校按照教学计划组织国际学生参加教学实习和社会实践，选择实习、实践地点应当遵守国家有关规定。

第二十一条 高等学校根据国家有关规定为国际学生颁发学历证书或者其他学业证书。对接受高等学历教育的国际学生，高等学校应当及时为其办理学籍和毕业证书电子注册。

高等学校为符合学位授予条件的国际学生颁发学位证书。

第四章　校内管理

第二十二条　高等学校应当明确承担国际学生管理职能的工作机构，负责统筹协调国际学生的招收、教学、日常管理和服务以及毕业后的校友联系等工作。

第二十三条　高等学校应当向国际学生公开学校基本情况、教育教学情况、招生简章以及国际学生管理与服务制度，方便国际学生获取信息。

第二十四条　高等学校应当为国际学生提供食宿等必要的生活服务设施，建立健全并公布服务设施使用管理制度。国际学生在学校宿舍外居住的，应当及时到居住地公安部门办理登记手续。

第二十五条　高等学校应当对国际学生开展中国法律法规、校纪校规、国情校情、中华优秀传统文化和风俗习惯等方面内容的教育，帮助其尽快熟悉和适应学习、生活环境。

高等学校应当设置国际学生辅导员岗位，了解国际学生的学习、生活需求，及时做好信息、咨询、文体活动等方面服务工作。国际学生辅导员配备比例不低于中国学生辅导员比例，与中国学生辅导员享有同等待遇。

第二十六条　高等学校鼓励国际学生参加有益于身心健康的文体活动，为其参加文体活动提供便利条件。国际学生可以自愿参加公益活动、中国重大节日的庆祝活动。

高等学校一般不组织国际学生参加军训、政治性活动。

第二十七条　国际学生经高等学校同意，可以在校内指定的地点和范围举行庆祝本国重要传统节日的活动，但不得有反对、攻击其他国家、民族的内容或者违反公共道德的言行。

第二十八条 国际学生经高等学校批准，可以在学校内成立联谊团体，在中国法律、法规规定的范围内活动，并接受学校的指导和管理。

第二十九条 高等学校应当尊重国际学生的民族习俗和宗教信仰，但不提供宗教活动场所。学校内不得进行传教、宗教聚会等任何宗教活动。

第三十条 国际学生在高等学校学习期间可以参加勤工助学活动，但不得就业、经商或从事其他经营性活动。

国际学生勤工助学的具体管理规定，由国务院教育行政部门会同有关部门另行制订。

第三十一条 高等学校参照中国学生学籍管理规定开展国际学生学籍管理工作。学校对国际学生做出退学处理或者开除学籍处分的，应当按照国务院教育行政部门的规定进行备案。

第五章　奖学金

第三十二条 中国政府为接受高等教育的国际学生设立中国政府奖学金，并鼓励地方人民政府设立国际学生奖学金。

中国政府奖学金的管理办法，由国务院有关行政部门制定。

第三十三条 国务院教育行政部门择优委托高等学校培养中国政府奖学金生。承担中国政府奖学金生培养任务的高等学校，应当优先招收中国政府奖学金生。

第三十四条 高等学校可以为国际学生设立奖学金。鼓励企事业单位、社会团体及其他社会组织和个人设立国际学生奖学金，但不得附加不合理条件。

第六章　社会管理

第三十五条　外国人申请到本办法第二条所指的学校学习的，应当在入境前根据其学习期限向中国驻其国籍国或居住地国使领馆或外交部委托的其他驻外机构申请办理 X1 字或 X2 字签证，按照规定提交经教育主管部门备案的证明和学校出具的录取通知书等相关材料。

第三十六条　国际学生所持学习类签证注明入境后需要办理居留证件的，应当自入境之日起三十日内，向拟居留地公安机关出入境管理部门申请办理学习类外国人居留证件。

第三十七条　外交部对外国驻华外交代表机构、领事机构及国际组织驻华代表机构人员及其随任家属申请到学校学习另有规定的，依照外交部规定执行。未按规定办理相关手续的，学校不得招收。

第三十八条　学校招收未满十八周岁且父母不在中国境内常住的国际学生，须要求其父母正式委托在中国境内常住的外国人或者中国人作为该国际学生的监护人，并提供相关证明材料。

学校可以接受以团组形式短期学习的国际学生，但应当预先与外方派遣单位签订协议。实施初等、中等教育的学校接受团组形式短期学习国际学生的，外方派遣单位应当按照其所在国法律规定，预先办理有关组织未成年人出入境所需的法律手续，并应当派人随团并担任国际学生在学校学习期间的监护人。

第三十九条　国际学生入学时应当按照中国卫生行政部门的规定到中国卫生检疫部门办理《外国人体格检查记录》确认手续或者进行体检。经体检确认患有《中华人民共和国出境入境管理法》规定的严重精神障碍、传染性肺结核病或者有可能对公共卫生造成重大危害的其他传染病的，由公安部门依法处理。

第四十条 学校实行国际学生全员保险制度。国际学生必须按照国家有关规定和学校要求投保。对未按照规定购买保险的，应限期投保，逾期不投保的，学校不予录取；对于已在学校学习的，应予退学或不予注册。

第七章 监督管理

第四十一条 国务院教育行政部门建立健全国际学生培养质量监督制度。省、自治区、直辖市教育行政部门应当对本行政区域的国际学生培养进行监督。

第四十二条 负有国际学生管理职责的国务院教育、公安、外交等行政部门，应当利用现代信息技术建立国际学生信息管理系统，推进信息共享工作机制，不断完善国际学生的管理与服务工作。

第四十三条 对违反《中华人民共和国出境入境管理法》《中华人民共和国治安管理处罚法》以及《中华人民共和国外国人入境出境管理条例》《中华人民共和国境内外国人宗教活动管理规定》等法律法规规定的国际学生，公安等主管部门应当依法处理。

第四十四条 高等学校在国际学生招收和培养过程中出现以下行为的，主管教育行政部门应当责令其整改，按照《中华人民共和国教育法》的有关规定追究法律责任，并可以限制其招收国际学生：

（一）违反国家规定和学校招生规定招生的；

（二）在招生过程中存在牟利行为的；

（三）未公开收费项目、标准和未按项目、标准收费的；

（四）违规颁发学位证书、学历证书或其他学业证书的；

（五）教学质量低劣或管理与服务不到位，造成不良社会影响的；

（六）其他违法违规行为。

第八章　附　则

第四十五条　本办法中的短期学习是指在中国学校学习时间不超过 180 日（含），长期学习是指在中国学校学习时间超过 180 日。

第四十六条　中国境内经批准承担研究生教育任务的科学研究机构招收国际学生的，按照本办法执行。

教育行政部门批准的实施非学历教育的教育机构招收国际学生的，参照本办法执行。

香港特别行政区、澳门特别行政区、台湾地区学生的招收、培养和管理，以及中国境内外籍人员子女学校的招生、培养和管理，按照国家其他有关规定执行。

第四十七条　省、自治区、直辖市人民政府教育、外事、公安等部门，应当根据本办法，制定本省、自治区、直辖市的管理规定。

第四十八条　本办法自 2017 年 7 月 1 日起施行。教育部、外交部、公安部 2000 年 1 月 31 日发布的《高等学校接受外国留学生管理规定》、教育部 1999 年 7 月 21 日发布的《中小学接受外国学生管理暂行办法》同时废止。

附　录

普通高等学校招收和培养香港特别行政区、澳门特别行政区及台湾地区学生的规定

教育部等六部门关于印发
《普通高等学校招收和培养香港特别行政区、
澳门特别行政区及台湾地区学生的规定》的通知
教港澳台〔2016〕96 号

各省、自治区、直辖市教育厅（教委）、公安厅（局）、财政厅（局）、人力资源社会保障厅（局）、港澳事务办公室、台湾事务办公室，教育部直属各高等学校：

为进一步促进内地（祖国大陆）与香港特别行政区、澳门特别行政区以及台湾地区（以下简称港澳台）高等教育交流与合作，规范内地（祖国大陆）普通高等学校对港澳台学生的招生、教学、生活管理和服务，保证培养质量，保障港澳台学生合法权益，根据国家相关法律法规，在 1999 年发布的《关于普通高等学校招收和培养香港特别行政区、澳门地区及台湾省学生的暂行规定》基础上，制定《普通高等学校招收和培养香港特别行政

区、澳门特别行政区及台湾地区学生的规定》，现印发给你们，请遵照执行。

教育部　公安部　财政部
人力资源社会保障部
国务院台湾事务办公室
国务院港澳事务办公室
2016 年 10 月 12 日

第一章　总　则

第一条　为进一步促进内地（祖国大陆）与香港特别行政区、澳门特别行政区以及台湾地区（以下简称港澳台）高等教育交流与合作，规范内地（祖国大陆）普通高等学校对港澳台学生的招生、教学、生活管理和服务，保证培养质量，依法维护港澳台学生合法权益，根据国家相关法律法规，制定本规定。

第二条　内地（祖国大陆）普通高等学校招收和培养港澳台学生工作适用本规定。

本规定所称普通高等学校（以下简称高校），是指内地（祖国大陆）实施专科以上学历教育的高等学校和经批准承担研究生教育任务的科研机构。

本规定所称港澳台学生，是指报考或入读高校的具有香港或澳门居民身份证和《港澳居民来往内地通行证》的学生，或具有在台湾居住的有效身份证明和《台湾居民来往大陆通行证》的学生。

第三条　高校和相关部门应当坚持"保证质量、一视同仁、适当照顾"的原则，按照内地（祖国大陆）法律法规和国家政策招收、培养、管理和服务港澳台学生。

第四条 教育部按照国家有关法律法规，统筹管理高校招收和培养港澳台学生工作。其职责是：

（一）制定招收和培养港澳台学生政策、规章；

（二）指导和监督高校招收、培养港澳台学生工作，举办高校联合招收港澳台学生考试；

（三）统筹涉及港澳台学生相关事务。

第五条 国务院港澳事务办公室、国务院台湾事务办公室、公安部等部门按照各自职责，参与港澳台学生招收、培养、管理和服务工作。

第六条 省级教育行政部门、教育招生考试机构负责本行政区域内港澳台学生招收、培养、管理和服务工作。其职责是：

（一）贯彻执行国家关于招收、培养港澳台学生政策和管理规定，建立健全本行政区域内港澳台学生招收、培养、管理和服务制度；

（二）监督、评估本行政区域内高校招收和培养港澳台学生工作；

（三）协调本行政区域内港澳台学生其他相关事务。

第七条 招收港澳台学生的高校应当完善培养、管理和服务机制，明确港澳台学生管理机构，归口统筹，建立健全学校相关规章制度。

第八条 中央或省级财政安排财政补助，用于开展对港澳台学生的招生、培养、管理、服务等工作。

第二章 招 生

第九条 高校可以在国家下达的招生计划之外，根据自身办学条件，自主确定招收港澳台学生的数量或比例。高校应当将招生情况报教育部备案。

第十条 教育部设立高校联合招收港澳台学生办公室，组织联合招生宣传考试和录取相关工作。

第十一条 高校应主动开展港澳台学生招生宣传工作，及时公开本校招生信息，确保信息真实、有效。

第十二条 符合报考条件的港澳台学生，通过面向港澳台地区的联合招生考试；或者参加内地（祖国大陆）统一高考、研究生招生考试合格；或者通过香港中学文凭考试、台湾地区学科能力测试等统一考试达到同等高校入学标准；或者通过教育部批准的其他入学方式，经内地（祖国大陆）高校录取，取得入学资格。

第十三条 对未达到本科录取条件但经过一定阶段培养可以达到入学要求的港澳台学生，高校可以按相关要求招收为预科生。预科生学习满一年经学校考核合格后，可转为本科生。

高校招收预科生的条件和标准，应当报省级教育行政部门备案。高校可自行招收港澳台进修生、交换生和旁听生。

第十四条 已获得大专以上学历或在内地（祖国大陆）以外的大学就读本科专业的港澳台学生，可向内地（祖国大陆）高校申请插入就读与原所学专业相同或相近的本科课程，试读一年。试读期满，经所在试读学校考核合格，可转为正式本科生，并升入高一年级就读，报学校所在省级教育行政部门备案。

第三章 培 养

第十五条 高校应保证港澳台学生的培养质量，将港澳台学生教学纳入学校总体教学计划。港澳台学生应与内地（祖国大陆）学生执行统一的毕业标准。

第十六条　对港澳台学生教学事务应趋同内地（祖国大陆）学生，由高校指定部门归口管理。在保证相同教学质量前提下，高校应根据港澳台学生学力情况和心理、文化特点，开设特色课程，有针对性地组织和开展教学工作。政治课和军训课学分可以其他国情类课程学分替代。

第十七条　高校应对港澳台学生开展入学教育，帮助其适应生活环境和学业要求。

第十八条　高校可为港澳台学生适应学业安排课业辅导。

第十九条　高校应当按照教学计划组织港澳台学生参加教学实习和社会实践，适当考虑港澳台学生特点和需求。

第二十条　高校根据有关规定为港澳台学生颁发毕业证书（结业证书、肄业证书）或者写实性学业证明，为符合学位授予条件的港澳台学生颁发学位证书。

第二十一条　国家为港澳台学生设立专项奖学金，地方政府、高校、企事业单位、社会团体及其他组织和公民个人可依法设立面向港澳台学生的奖学金和助学金。

第四章　管理和服务

第二十二条　高校应当制定、完善港澳台学生校内管理的各项规章制度，将港澳台学生的管理和服务纳入本校学生工作整体框架，统一规划部署，统筹实施。根据实际情况配置港澳台学生辅导员岗位，加强管理人员队伍的培训。

港澳台学生应当遵守法律、法规和学校的规章制度。

第二十三条　高校应根据有关规定，按时为港澳台学生注册学籍，统一管理学籍。港澳台学生转专业、转学、退学、休学、复学等事宜应参照内地（祖国大陆）学生的相关规定。

第二十四条 高校应当为港澳台学生建立档案，妥善保管其报考、入学申请及在校期间学习、科研、奖惩等情况资料。

第二十五条 高校应当按照国家有关规定向港澳台学生收取学费及其他费用。高校应公开本校收费项目和标准，对港澳台学生执行与内地（祖国大陆）同类学生相同的收费标准。

第二十六条 高校参照内地（祖国大陆）学生相关政策批准成立、指导和管理港澳台学生社团，并为其活动提供便利。鼓励港澳台学生参加学校学生组织、社团，参与各类积极健康的学生活动，引导港澳台学生与内地（祖国大陆）学生交流融合。

第二十七条 高校应参照内地（祖国大陆）学生的相关政策，为港澳台学生在学期间参加勤工助学、志愿服务、创新创业活动提供服务。

第二十八条 高校应当为港澳台学生提供必要生活服务。港澳台学生与内地（祖国大陆）学生同等住宿条件下，住宿费标准应当一致。高校应当建立健全港澳台学生校内外居住管理制度，按照有关规定做好居住登记手续。

第二十九条 在内地（祖国大陆）就读的港澳台学生与内地（祖国大陆）学生执行同等医疗保障政策，按规定参加高校所在地城镇居民基本医疗保险并享受有关待遇。

第三十条 高校应做好港澳台学生的就业指导工作，完善就业信息渠道建设，提供就业便利。

第三十一条 高校应做好港澳台校友工作，完善工作机制，推进校友组织建设和发展。

第三十二条 高校制定并完善本校港澳台学生突发事件的应急预案。

第三十三条 对在招收培养港澳台学生过程中出现违法违规

行为的高校，主管教育行政部门应当责令其限期改正，对于情节严重、造成恶劣影响的，依据国家有关规定追究有关负责人的责任。

<h2 style="text-align:center">第五章　附　则</h2>

第三十四条　本规定由教育部负责解释。

第三十五条　本规定自发布之日起施行。《关于高校招收和培养香港特别行政区、澳门地区及台湾省学生的暂行规定》（教外港〔1999〕22号）同时废止。

台湾学生奖学金管理办法

财政部　教育部关于印发《台湾学生奖学金
管理办法》的通知
财科教〔2017〕140 号

党中央有关部门，国务院有关部委、有关直属机构，各
省、自治区、直辖市财政厅（局）、教育厅（教委）、新
疆生产建设兵团财务局、教育局，中央部门直属各高等
学校：

为切实贯彻执行中央对台工作方针，推进祖国和平
统一大业，鼓励和支持更多的台湾地区学生来祖国大陆
普通高校和科研院所学习，增强他们对祖国的认同感，
激励他们勤奋学习、积极进取，进一步规范和加强奖学
金的管理，财政部、教育部制定了《台湾学生奖学金管
理办法》，现印发给你们，请遵照执行。如有意见或建
议，请及时向我们反映，以进一步完善此项工作。

财政部　教育部
2017 年 10 月 13 日

第一章　总　则

第一条　为切实贯彻执行中央对台工作方针，推进祖国和平
统一大业，进一步鼓励和支持更多的台湾地区学生来祖国大陆普
通高校和科研院所学习，增强他们对祖国的认同感，激励他们勤

奋学习、努力进取，特设立台湾学生奖学金。

第二条　台湾学生奖学金资金来源于中央财政，面向在祖国大陆普通高等学校和科研院所就读的台湾地区全日制本专科学生、硕士研究生和博士研究生。

第二章　申请条件

第三条　台湾学生奖学金申请的基本条件：

1. 认同一个中国，拥护祖国统一；

2. 自觉遵守国家法律、法规，遵守学校各项规章制度；

3. 诚实守信，有良好的道德修养；

4. 入学考试成绩优秀或在大陆学习期间勤奋刻苦，成绩优良。

第三章　奖学金类别、等级、名额及奖励标准

第四条　台湾学生奖学金的类别、等级、名额及奖励标准：

1. 本专科学生奖学金，分四个等级，其中，特等奖 60 名，奖学金每生每学年 8000 元；一等奖 350 名，奖学金每生每学年 6000 元；二等奖 500 名，奖学金每生每学年 5000 元；三等奖 800 名，奖学金每生每学年 4000 元。

2. 硕士研究生奖学金，分四个等级，其中，特等奖 40 名，奖学金每生每学年 20000 元；一等奖 60 名，奖学金每生每学年 10000 元；二等奖 160 名，奖学金每生每学年 7000 元；三等奖 350 名，奖学金每生每学年 5000 元。

3. 博士研究生奖学金，分四个等级，其中，特等奖 50 名，奖学金每生每学年 30000 元；一等奖 60 名，奖学金每生每学年 15000 元；二等奖 160 名，奖学金每生每学年 10000 元；三等奖 310 名，奖学金每生每学年 7000 元。

国家根据情况的变化，适时调整台湾学生奖学金等级、名额和奖励标准。

第四章 奖学金的申请、评审

第五条 台湾学生奖学金按学年申请和评审，每年 10 月开始受理申请，当年 12 月 10 日前评审完毕。

台湾学生根据上述奖学金申请条件，按学年向所在学校或科研院所提出申请，提交《台湾学生奖学金申请表》（见附表）。奖学金每学年评选一次，符合条件的学生可连续申请。

第六条 台湾学生奖学金评审程序：

1. 每年 9 月开学后，各招生单位应及时更新台湾学生学籍信息。

2. 教育部根据各招生单位台湾学生在校人数等有关数据，经商财政部同意后于每年 9 月 30 日前按隶属关系向各有关中央主管部门和省（自治区、直辖市）教育厅（局、委）下达台湾学生奖学金名额。

3. 各有关中央主管部门和省（自治区、直辖市）教育厅（局、委）按照教育部下达的奖学金名额，确定所属各有关单位的奖学金名额。

4. 各有关招生单位根据上级主管部门下达的奖学金名额，受理台湾学生的申请材料，组织等额评审，按照公开、公平、公正的原则，确定初审合格学生名单并公示。

5. 公示结束后，各有关招生单位于每年 11 月 10 日前将建议获奖学生名单按照隶属关系经主管部门初审后报教育部。

第七条 台湾学生奖学金的组织申请评审及审批等管理工作由教育部归口管理。教育部对有关主管部门报来的获奖学生名单进行审批，并将审批通过名单下发各有关单位。

第五章 奖学金的发放

第八条 财政部按照部门预算管理规定，下达教育部年度奖学金经费预算。

第九条 教育部按程序将资金拨付给有关招生单位。

第十条 各有关招生单位应当按照审批通过的获奖学生名单，于每年 12 月 31 日前将奖学金一次性发放给获奖学生。

第六章 监督检查

第十一条 各有关招生单位必须以高度的政治责任感做好台湾学生奖学金有关组织工作，严格执行国家有关财经法规和本办法规定，加强资金管理，确保奖学金全部用于符合条件的台湾学生。

第十二条 各有关中央主管部门和省（自治区、直辖市）教育厅（教委）对奖学金使用情况进行监督检查，确保奖学金 按时发放到位。

第十三条 台湾学生奖学金资金管理接受审计、教育、财政等部门的监督检查，一旦发现截留、挤占和挪用等违法违纪行为，依照有关法律法规的规定追究相应责任。

第十四条 各级财政、教育部门及其工作人员在资金审核、分配等审批工作中，存在违反规定分配资金、向不符合条件的单位（或个人）分配资金、擅自超出规定的范围或标准分配资金以及其他滥用职权、玩忽职守、徇私舞弊等违法违纪行为的，按照《中华人民共和国预算法》、《中华人民共和国公务员法》、《中华人民共和国行政监察法》、《财政违法行为处罚处分条例》等国家有关规定追究相应责任；涉嫌犯罪的，移送司法机关处理。

第十五条 对于获奖的台湾学生，学校应继续加强管理和教育，如出现以下情况之一的，应取消其获奖资格并及时向上级主管部门报告：

1. 有反对"一个中国"的言论或行为；

2. 触犯国家法律、法规，参加非法社团组织；

3. 违反校规、校纪。

第七章 附 则

第十六条 本办法由财政部、教育部负责解释。

第十七条 本办法自印发之日起实施。原《台湾学生奖学金管理暂行办法》（财教〔2005〕325号）同时废止。

附表：台湾学生奖学金申请表（略）

港澳及华侨学生奖学金管理办法

财政部　教育部

关于印发《港澳及华侨学生奖学金管理办法》的通知

财科教〔2017〕139号

党中央有关部门，国务院有关部委、有关直属机构，各省、自治区、直辖市财政厅（局）、教育厅（教委）、新疆生产建设兵团财务局、教育局，中央部门直属各高等学校：

为鼓励港澳及华侨学生来内地普通高校和科研院所就读，增强他们的祖国观念，激励他们勤奋学习、积极进取，进一步规范和加强奖学金的管理，财政部、教育部制定了《港澳及华侨学生奖学金管理办法》，现印发给你们，请遵照执行。如有意见或建议，请及时向我们反映，以进一步完善此项工作。

财政部　教育部

2017 年 10 月 13 日

第一章　总　　则

第一条　为鼓励港澳及华侨学生来内地普通高校和科研院所就读，增强他们的祖国观念，激励他们勤奋学习、积极进取，特设立港澳及华侨学生奖学金。

第二条　港澳及华侨学生奖学金资金来源于中央财政，面向在内地普通高校和科研院所就读的全日制港澳本专科学生、硕士和博士研究生及华侨本专科学生。

第二章 申请条件

第三条 港澳及华侨学生奖学金申请的基本条件：

1. 热爱祖国，拥护"一国两制"方针；

2. 自觉遵守国家法律、法规，遵守学校各项规章制度；

3. 诚实守信，有良好的道德修养；

4. 入学考试成绩优秀或在校期间勤奋刻苦、成绩优良。

第三章 奖学金类别、等级、名额及奖励标准

第四条 奖学金的类别、等级、名额及奖励标准：

1. 本专科学生奖学金，分四个等级，其中，特等奖 190 人，每生每学年 8000 元；一等奖 1000 名，每生每学年 6000 元；二等奖 1600 名，每生每学年 5000 元；三等奖 2700 名，每生每学年 4000 元。

2. 硕士研究生奖学金，分四个等级，其中，特等奖 40 人，每生每学年 20000 元；一等奖 50 名，每生每学年 10000 元；二等奖 120 名，每生每学年 7000 元；三等奖 260 名，每生每学年 5000 元。

3. 博士研究生奖学金，分四个等级，其中，特等奖 20 人，每生每学年 30000 元；一等奖 30 名，每生每学年 15000 元；二等奖 60 名，每生每学年 10000 元；三等奖 100 名，每生每学年 7000 元。

中央将根据情况变化，适时调整奖学金等级、名额和奖励标准。

第四章 奖学金的申请、评审

第五条 港澳及华侨在校生奖学金按学年申请和评审，每年10月开始受理申请，当年12月10日前评审完毕。

港澳及华侨学生根据奖学金申请条件，按学年向所在学校或科研院所提出申请，提交《港澳及华侨学生奖学金申请表》（见附表）。奖学金每学年评选一次，符合条件的学生可连续申请。

第六条 港澳及华侨在校生奖学金评审程序：

1. 每年9月开学后，各招生单位应及时更新港澳及华侨学生学籍信息。

2. 教育部根据各招生单位全日制港澳及华侨学生在读人数等有关数据，经商财政部同意后于每年9月30日前按隶属关系向各有关中央主管部门和省（自治区、直辖市）教育厅（教委）下达奖学金名额。

3. 各有关中央主管部门和省（自治区、直辖市）教育厅（教委）按照教育部下达的奖学金名额，确定并下达所属各有关单位的奖学金名额。

4. 各有关招生单位根据上级主管部门下达的奖学金名额，受理港澳及华侨学生的申请材料，按照公开、公平、公正的原则组织等额评审，确定初审合格学生名单并公示。

5. 公示结束后，各有关招生单位于每年11月10日前将建议获奖学生名单按照隶属关系经主管部门初审后报教育部。

第七条 奖学金的组织申请评审及审批等管理工作由教育部归口管理。教育部对有关主管部门报来的获奖学生名单进行审批，并将审批通过名单下发各有关单位。

第五章　奖学金的发放

第八条　财政部按照部门预算管理规定，下达教育部年度奖学金经费预算。

第九条　教育部按程序将资金拨付给有关招生单位。

第十条　各有关招生单位应当按照审批通过的获奖学生名单，于每年 12 月 31 日前将奖学金一次性发放给获奖学生。

第六章　监督检查

第十一条　各有关招生单位必须以高度的政治责任感做好奖学金管理工作，严格执行国家有关财经法规和本办法规定，加强资金管理，确保奖学金全部用于符合条件的港澳及华侨学生。

第十二条　各有关中央主管部门和省（自治区、直辖市）教育厅（教委）应当对奖学金使用情况进行监督检查，确保奖学金按时发放到位。

第十三条　奖学金资金管理接受审计、教育、财政等部门的监督检查，一旦发现截留、挤占和挪用等违法违纪行为，依照有关法律法规的规定追究相应责任。

第十四条　各级财政、教育部门及其工作人员在资金审核、分配等审批工作中，存在违反规定分配资金、向不符合条件的单位（或个人）分配资金、擅自超出规定的范围或标准分配资金，以及其他滥用职权、玩忽职守、徇私舞弊等违法违纪行为的，按照《中华人民共和国预算法》、《中华人民共和国公务员法》、《中华人民共和国行政监察法》、《财政违法行为处罚处分条例》等国家有关规定追究相应责任；涉嫌犯罪的，移送司法机关处理。

第十五条　对于获奖学生，招生单位应继续加强管理，如出现以下情况之一的，应取消其获奖资格并及时向上级主管部门报告：

1. 有反对"一国两制"的言论或行为；

2. 触犯国家法律、法规，参加非法社团组织；

3. 违反校规、校纪。

第七章　附　则

第十六条　本办法由财政部、教育部负责解释。

第十七条　本办法自印发之日起施行。原《港澳及华侨学生奖学金管理暂行办法》（财教〔2006〕129号）同时废止。

附表：港澳及华侨学生奖学金申请表（略）